Indigenization and Authentication:

The Review and Reconstruction of Social Work Development in China

社工理论与实践

主编 古学斌 潘毅

本土化
与土生化

中国社会工作发展的检视与重构

卫小将 ◎著

社会科学文献出版社
SOCIAL SCIENCES ACADEMIC PRESS (CHINA)

序

记得马年春节刚过不久，小将告诉我，他以其博士论文为基础完成的专著——《本土化与土生化：中国社会工作发展的检视与重构》即将出版，作为其导师，我感到十分欣慰。小将希望我为其专著作序，我当即愉快地答应了。

2010年9月，小将考取了中国人民大学社会学专业社会政策理论与应用方向的博士研究生，跟随我从事社会政策与社会工作研究。此前，他已经在高校从事过多年的社会工作教学和研究工作，因此其兴趣和积淀主要集中于社会工作理论与实务方面。在攻读博士学位期间，他谦虚好学，刻苦钻研，作为主要成员之一参与过我主持的多个国家级和省部级课题，研究能力不断提升，学术水平日益提高。2011年9月他还被公派赴日本爱知大学学习一年，研究视野得到了进一步拓展。其间，他几次与我讨论博士论义的选题，最后商定将社会工作本土化作为研究议题。作为他的导师，我也目睹和见证了他的努力和付出得到了应有的回报，他先后在国内有影响力的刊物上发表过十余篇学术论文，并被评为"中国人民大学学术新星"和"北京市优秀毕业生"等，博士论文也得到了评审和答辩专家的一致好评。

学界共知，社会工作是欧美国家应对工业化和城市化带来的社会问题的产物，是一门融汇多元价值理念与技巧的助人专业和职业。它在预防和化解社会转型诱发的弱势群体问题中发挥了独特的功效，因此在西方也被称为社会的"安全阀"和"稳压器"。鉴于此，第二次世界大战之后，第三世界国家纷纷效仿英美（尤其是美国）建立专业社会工作制度，兴办社会工作教育。在当时的背景下，这或许更多的是一种缺少批判与反思的机械复制，用小将论文中的观点来说是一种社会工作的"麦当劳化"。对此，美国学者詹姆斯·梅志里称之为"专业帝国主义"。这种忽略本土实际的模仿导致社会工作在许多发展中国家出现了"水土不服"的情形，因此，本土化开始成为这些国家学界的重要研究议题。小将在论文中系统梳理了国际社会工作发展的两条路径，一条是欧美国家的专业化路径，另一条是发展中国家的本土化路径，这两条路径不断地延伸、拉扯和融合，最终形成一种包容性的国际社会工作。这便是国际社会工作的发展态势。

中国是一个社会工作后发展国家，后发有其先天不足的劣势，但亦有其借鉴快生的优势。这便造成了中国社会工作发展的独特路径：一方面，我们的社会工作是教育先行的，即我们是在 20 世纪 80 年代末 90 年代初还没有社会工作专业岗位的前提下开始培养并输送社工学生；另一方面，我们的社会工作是在政府的助推之下快速发展的，21 世纪初政府做出了"构建宏大的社会工作人才队伍"的重大战略部署。这种发展使中国社会工作面临三个挑战。第一，社会工作教育中，学生所接受的价值观及所学的理论和技巧大多源于欧美和港台地区，而这些专业知识是与欧美社会相匹配的，不加改造就在中国本土使用难免出现各种阻滞现象。第二，在专业社会工作引入我国本土之前，本土性社会工作（如党、团、工、青、妇、民政等）一直发挥着社会工作的功能。那么，专业社会工作与本土性社会工作的关系如何，怎样契合？第三，我国的社会工作发展存在某种表达性和现实性的冲突和张力。表达性方面，社会工作似乎是一个包罗万象、能够解决众多社会问题的专业，而在现实境遇中，却存在诸多的局限性和解决问题的有限性。面对这样一系列的问题和挑战，我们不能不思考中国的社会工作未来发展的走向。

在这样一种国际和国内社会工作发展交织的背景中，小将聚焦于中国社会工作发展路径的探索。他将社会工作划分为理论和方法、教育、职业三个方面，分别选取了若干典型案例进行了检视、拓展和分析，并提出了中国社会工作发展中的"绞溢病象"。在此基础上，他进一步从理论上提出了中国社会工作的发展路径：自我殖民化、本土化、土生化和国际化。尤其值得一提的是他对土生化概念的提出和创造性的应用。它不同于本土化的概念，本土化的实质还是以欧美社会工作为重心和框架，通过调适来适应中国本土。而土生化则是以中国本土性社会工作为重心，逐步吸纳和融合欧美社会工作之长形成有中国特色的社会工作，这种扎根于中国本土的社会工作的形成将为欧美国家和发展中国家提供相关的经验。从这个意义上说，本书具有一定的前瞻性和开创性。

任何事物都有其不足的一面，小将的研究也不例外。该书虽然具有较好的创造性，但在社会工作土生化的论述和案例支撑方面还有待进一步的拓展。当然，中国社会工作正处于发展过程中，历史还不长，相关探索不能求全。相信在以后的研究中小将能在现有的基础上更进一步，也希望他在社会政策、社会工作更广泛的领域有所担当和建树。

李迎生

2014 年 4 月于北京

前　　言

　　社会工作是一种源于欧美社会文化语境中的专业与职业，它以预防、缓解和化解工业化和城市化引发的社会弱势群体问题为指向，以基督教信仰、乌托邦思想、实证主义和人道主义为哲学基础，凭借有关人类行为与社会环境的理论、方法和技巧调适个体与社会的关系，从而增进人类福祉，提升其社会功能。这种专业指向和特质赋予了社会工作某种"社会诊断"的使命，同时也迎合了发展中国家对社会转型问题的需求。社会工作由此开始跃出欧美国家境域，迈向众多发展中国家，成为一种全球性的事物。在此过程中，本土化成为后发展国家的焦点性话语和重要研究议题。中国作为一个社会工作后发展国家也不例外，当前社会工作在中国要不要本土化已经不再是问题，如何实现本土化才是真正的问题。在这样一个问题的观照之下，我们聚焦于国际和国内两种社会工作发展环境，诉诸"专业化－本土化－土生化"的概念工具，使用"功能主义－嵌入性－社会建构"的理论视角，通过文献研究、比较研究、个案研究和生命叙事等方法，揭示三个方面的内容：其一，当前国际社会工作的发展路径；其二，中国社会工作发展历程及其本土化存在的问题；其三，中国社会工作土生化路径及其策略。

　　首先，我们通过文献梳理和比较研究将国际社会工作发展路径分为发达国家和后发展国家两种。发达国家主要以英国和美国为典型案例，后发展国家以印度、澳大利亚为代表，从某种程度上说，这些国家的发展历程可以折射出国际社会工作的总体发展态势。在回顾这些国家社会工作发展历程的基础上，我们发现发达国家与后发展国家社会工作发展存在某种双向拉扯关系。一方面，欧美社会工作遵循一种"非专业化－半专业化－专业化－高度专业化"的发展路径，反映了欧美社会主导的科学实证精神和个人价值无限的理念。这种路径被众多后发展国家奉为模板，或多或少也夹杂着某种专业帝国主义的情愫。另一方面，后发展国家社会工作主要迈向一种"非专业化－欧美化－本土化－土生化"的路径，这条路径虽然不明晰，但对于后发展国家发展社会工作却具有积极的意义。总体而言，发达国家与后发展国家的社会工作路径有可能会合于一种具有包容性和灵活性的社会工作框架——国际性社会工作。在这个框架中，发达国家的专业社会工作与后发展国家的土生社会工作可以平等对话和实现优劣互补，实现社会工作的国际网络化与互动化。

其次，按照专业化的分类标准，我们通过文献研究大致将中国社会工作发展历程归结为四个阶段：传统社会工作非专业化阶段，民国社会工作专业化初步探索阶段，改革开放前社会工作断裂阶段，改革开放以来社会工作本土化探索阶段。其中，社会工作本土化探索阶段是本书着重探讨的内容。中国社会工作本土化的实质是欧美专业社会工作与中国现实境遇不断融合的过程，而这种融合也包括专业社会工作与中国本土原有本土性社会工作的排异与融合过程。为了进一步了解中国社会工作的本土化状况，我们分别从教育、职业和实务领域选取若干个案进行检视，在教育领域主要按照专业发展程度高、中、低的标准选取了三所高校；在职业领域主要选取了上海、深圳和万载模式；在实务领域主要选取了两个社工的生命故事。通过拓展这些个案和呈现社工的生命历程进而抽象出中国社会工作本土化过程中存在的"绞溢病象"，即生长周期与"大跃进"的矛盾、理论与实务的脱节、专业身份的紊乱与危机、各种利益主体的博弈、社会工作的建构性等。

最后，在借鉴国际经验和检视中国社会工作本土化状况的基础上，我们改造并提出了土生化的概念。土生化是本土化的高级阶段，不同于进口加工式的本土化，是一种深度的本土化，也是一种内生性的本土化，不同于外衍性的本土化。它主要扎根于本土，突破专业社会工作框架之束缚，以本土性社会工作元素为主体，吸纳专业社会工作元素形成一种土生化的工作模式。在论述土生化概念的基础上，我们从学理上提出了中国社会工作发展的理想路径：专业殖民化、本土化、土生化和国际网络化。与此同时，本书也从宏观层面概括了中国社会工作土生化策略：①检视社会工作本土化存在之问题，将社会工作发展的重心转移到本土性社会工作探索的轨道上来；②将本土性社会工作构建成一门专业和科学，提炼和重构其存在的基础，主要包括哲学基础、价值灵魂、理论知识、伦理操守、实务技巧等；③厘定社会工作的服务领域与内容；④检视现有社会工作运行模式，不断探索和完善"政府购买服务"机制，构建契合本土政治、经济、文化和社会制度的运行模式；⑤通过探索一种有效的行动研究机制，引导研究者、教师、实务工作者和受众参与到本土性社会工作的建构中来，实现社会工作教育、研究和实务的有机结合；⑥在全球化视域中探索土生性社会工作。

目　　录

第一章　导论 …………………………………………… 001

　一　研究源起的铺陈 ………………………………… 001

　二　研究概念的厘定 ………………………………… 005

　三　研究意义的呈现 ………………………………… 014

第二章　文献梳理与述评 ……………………………… 018

　一　社会工作发展路径的理论述评 ………………… 018

　二　社会工作发展路径的现实呈现 ………………… 033

　三　社会工作发展路径的总体讨论 ………………… 060

第三章　理论视角与技术进路 ………………………… 071

　一　研究的理论视角 ………………………………… 071

　二　研究进路与技术路线 …………………………… 079

第四章　中国社会工作的产生与发展历程 …………… 083

　一　传统社会工作非专业化阶段 …………………… 084

二 民国社会工作专业化初步探索阶段 …………………… 088

三 改革开放前社会工作断裂阶段 ………………………… 100

四 改革开放以来社会作本土化探索阶段 ………………… 104

第五章 中国社会工作本土化检视 …………………………… 120

一 社会工作教育本土化检视 ……………………………… 121

二 社会工作职业本土化检视 ……………………………… 143

三 社会工作者的生命故事叙述与探究 …………………… 155

第六章 中国社会工作土生化之探讨 ………………………… 167

一 专业社会工作的局限性与本土化的"绞溢病象" ……… 168

二 社会工作土生化之构建 ………………………………… 188

第七章 结论与展望 …………………………………………… 207

一 国际社会工作发展路径与启示 ………………………… 207

二 中国社会工作本土化探索与问题 ……………………… 211

三 中国社会工作土生化路径与展望 ……………………… 217

参考文献 ……………………………………………………… 222

附录 美国社会工作者协会（NASW）伦理守则 …………… 234

后 记 ………………………………………………………… 258

第一章　导论

一　研究源起的铺陈

社会工作是一门应用社会科学，也是一种制度化的助人方法与职业。它源起于 19 世纪前后的欧洲和北美国家。当时，欧美的工业化和城市化引发了系列性的社会问题，诸如贫困、失业、酗酒、犯罪、卖淫、自杀等。起初，基督教徒占总人口五成以上的欧美国家将其视为一种"道德原罪"，一些贵族和慈善人士凭借宗教情怀介入其中，企图感化和救赎生命个体"失落的灵魂"，从而以宗教组织为依托的各种慈善活动陆续开展。其中，英国首倡的慈善组织会社（Charity Organization Society）和睦邻组织运动（The Social Settlement Movement & Neighborhood Centers）成为欧美国家之典范，美国进一步将其发扬光大，初步开启了个案和小组工作方法的雏形。20 世纪初，受到人本主义和实证主义思潮的影响，宗教人士的慈善行为借鉴糅合了心理学、社会学、哲学、管理学和政治学等众多学科理论，进入高等学府，迈向专业化和职业化。20 世纪 60 年代，在美国女权运动、反越战运动和反种族歧视运动的助推之下，社区社会工作模式趋于成熟完善。至此，社会工作进入高度专业化阶段，形成了一门具有专业理念、伦理操守、系统理论和实践技巧的应用社会科学，社会工作者也成为一种具有专业身份和法律效力的职业。以美英为首的西方发达资本主义国家普遍建立健全了社会工作制度。第二次世界大战结束后至 20 世纪 70 年代，受新殖民主义思潮的渗透和国内工业化、城市化引发的社会问题所迫，发展中国家纷纷效仿美英开展社会工作，全面复制其社会工作教育和实践模式。詹姆斯·梅志里（James Midgley）教授将这种现象称为一种专业帝国主义（Professional Imperialism）。① 20 世纪 70 年代之后，受反殖民主义和后现代主义思潮的影响，许多发展中国家和地区（如埃及、巴西、印度、南非、菲律宾、香港等）开始质疑英美社会工作模式对于发展中国家的适切性，进而反对美国专业帝国主义，倡导社会工作本土化运动。随着本土化运动的不断深入，发展中国家的学者们又开始倡导深度本土化和反思本土化，从而提出了土生化的概念。② 近年来，随着全球化思潮的日益扩散，建立一种囊括全球共性社会问题的国际性社会工作的呼声也日趋高涨。基于此来看，社会工作陷入了一种专业帝国主义、本土化、土生化和国际化的话语与路径缠绕之中。

中国是一个社会工作后发展国家，其社会工作就是在这样一种多元话语交织的宏观情境中摸索和前行的。20 世纪初期，国民政府进行了初步短暂的社会工作本土化探索，尤其在社会工作教育、农村发展、社区

---

① James Midgley, 1981, *Professional Imperialism: Social Work in the Third World*, London: Heinemann.

② Kristin M. Ferguson, 2005, "Beyond Indigenization and Reconceptualization: Towards a Global, Multidirectional Model of Technology Transfer", *International Social Work* 48 (5).

教育、医务社会工作和边疆社会工作方面取得了一定的成就。20 世纪 40 年代末到 80 年代初，由于政治环境和意识形态等因素的影响，社会工作一度被废止和中断。80 年代末，北京大学率先开设社会工作专业教育，国内许多高校云集响应。90 年代中后期，中国的改革和经济发展进入深水区，各种新的社会矛盾和问题不断凸显，尤其以下岗工人和农民工问题最为突出。基于此，社会工作被赋予了维护社会公平正义、服务社会弱势群体、舒缓和解决社会问题、促进社会和谐稳定等多项神圣使命。在这样一种专业理想主义的驱使之下，中国政府逐步开始重视社会工作发展。社会工作开始进入了"后生快发"阶段，在短短的 30 年里取得了长足的发展，目前，已有近 300 多所高校开设本科教育，100 多所高校开设社会工作专业硕士（MSW）教育，有的高校已经开始探索社会工作博士（DSW）教育。目前，通过高校教育、专业培训、职业水平评价等方式，已经形成了一支近 40 万人的社会工作服务队伍。社会工作职业资格也全面推开，截至 2013 年已有 12 万余人取得助理社会工作师和社会工作师资格。① 此外，各种形式的社会工作机构（政府主办、政社合办、社会独办）也全面铺开，全国开发了 79249 个社会工作岗位，扶持发展了 2429 家民办社会工作服务机构。② 其中，上海模式、深圳模式、江西万载模式等已初具规模。在取得这些成就的同时，我们应该诉诸一种反思批判的视角，对社会工作本土探索保持一些自觉和警醒。其一，沿用欧美社会工作模式能否切实解决中国社会问题？社会工作不是万能的，欧美

---

① 马海燕：《中国持证社工超过 12 万，专业社工亟待发展》，中国新闻网，2013 年 12 月 6 日。

② 马海燕：《中国持证社工超过 12 万，专业社工亟待发展》，中国新闻网，2013 年 12 月 6 日。

社会保障机制相对健全，尤其是美国社会工作多用于处理个体情绪、心理、精神、政治参与和社会适应等层面的问题。而中国式的社会问题大多数是欧美未曾经历或者没有先例可循的，如下岗工人、农民工、留守妇女和儿童、失地农民、上访群众、失独家庭、老少边穷弱势群体等。他们面临的主要是基本的医疗、养老和生活层面的诉求，更多的还是需要宏观的社会保障和社会政策。其二，复制西方的教育模式如何契合本土实际？中国的社会工作教育一直追随和仰赖西方国家的知识体系，教师大多是哲学、社会学和心理学背景，多数没有实务经验，只是停留于系统讲授西方的理论和概念，并未转化为本土理论概念，学生在实际工作中使用这些理论和概念很难与服务对象在同一语境中展开对话。例如近年来热门的多元文化观点、后现代治疗模式、优势视角、叙事、充权、话语等，这些对于多数中国人来说是相当陌生而遥远的。其三，社会工作与传统的制度性和非制度性服务工作如何对接？如中国的民政工作、工青妇工作、思想政治教育工作、民族事务工作、单位福利服务，邻里互助等由来已久，深深扎根于民众的日常生活之中，这些领域的从业人员已经累积了丰富的本土经验。而缺乏社会经验又被欧美理论包围的社会工作学生与他们相比优势何在？其四，社会工作相较于社会保障、社会政策、心理辅导干预又如何定位？从某种程度上讲，中国当前的社会工作解决宏观问题不及社会政策和社会保障制度，处理微观问题又逊于临床心理学。其五，日益增多和扩充的社会工作机构、宏大的社会工作人才队伍是否能够切实解决中国社会的现实问题？迄今为止，尚无有力证据能证明社会工作对于解决中国社会现实问题是切实有效的。呼吁大力发展社会工作的多为民政系统、教育部门、司法机构、高校教师、社会工作机构和社会工作者等。我们并不否认呼吁者的社会责任感和使命感，但我们也必须清楚地认识到这种呼吁背后牵扯着自身的利益，因为被呼吁需求社会工作帮助的多数底层民众对于社会工作是相当陌生的。对于这一系列的疑问我们虽然还没有现成答案，但这些问题却可以成为一种本土化研究的驱动力，它促使我们重新审视中国社会工作发展轨迹，检视社会工作本土化的现状与存在问题，进一步窥探其未来的发展态势。有鉴于此，我们将中国社会工作发展放置于当前热门的专业帝国主义、国际化、本土化、土生化的语境中来讨论，通过"描述－检视－批判－重构"的逻辑路径进行阐释和分析，以期能有新的发现，以便对中国社会工作发展有所警醒和助益。

二 研究概念的厘定

如果说我们的研究是在构筑一栋"理论大厦"，那么核心概念或关键词就是构筑大厦的基石。倘若作为基石的核心概念模糊不清，整个大厦亦难以立足。由此，厘定和澄清基本概念及彼此之关系是研究中的首要议题。我们的研究虽涉及概念众多，但其核心概念不外乎专业社会工作、本土性社会工作、社会工作本土化、社会工作土生化。如下我们将逐一对这些概念及其相互关系进行厘定和澄清。

（一）专业社会工作

当前，社会工作已经成为一个国际性的概念，这一名词主要由英文"Social Work"直译而来。由于 Social（社会）和 Work（工作）这两个词语在不同制度、文化和语境中有不同的内涵和指向，因此，世界各国对于社会工作的理解、界定和阐释也不尽相同。有的偏向于宏观社会福利，有的则倾向于微观社会服务。尽管人们对于社会工作的诠释莫衷一是，但社会工作源起于欧美国家无疑是肯定的。众所周知，英美社会工作经历了非专业化、半专业化、专业化和高度专业化的百年发展演变历程，最终形成一门系统的助人科学，并成为世界各国借鉴和学习的典范，尤其是美国社会工作一度为发展中国家所复制和模仿。由此，我们通常所说的社会工作一般指欧美主要是美国话语体系中的社会工作。在这些话语体系中，国际社会工作者联盟（International Federation of Social Worker）和美国社会工作协会（The National Association of Social Worker）对于社会工作的诠释最具代表性。国际社会工作者联盟的定义是："社会工作源起于人道主义、基督教精神、民主思想及其系统的哲学体系，它被广泛应用于满足个体与社会互动中日益增长的需求，激发个体的潜能。专业社会工作者致力于提升人类福祉和满足个体自我实现需求，发展和严格使用有关人类行为与社会环境的科学知识，拓展各种资源满足个人、群体、国家乃至全球社会成员的需求和愿望，推进社会公平正义。"[1] 美国社会工作协会认为："社会工作是一种专业活动，主要协助个人、群体、社区强化和恢复能力，发挥其社会功能，并创造有助于个体达成目标的社会条件。社会工作实践涵盖专业价值、工作守则及多种技术，这些技术包括帮助人们获取实质性的服务，为个体、家庭和社区提供心理咨询和治疗，为群体和社区提供社会健康服务，并参与相关的立法。社会工作实

---

[1] Mayadas, Nazneen S., Thomas D. Watts & Doreen Welliott, 1997, *International Handbook on Social Work Education*, British Library, pp. 1 – 2.

践需要有关人类行为、社会、经济、文化及这些因素相互作用的知识。"[1]
由此不难理解，社会工作在欧美已经发展成为一门成熟的助人学科、助
人专业、助人职业、助人技术和艺术。概括而言，本书所指的专业社会工
作主要指欧美语境中的社会工作，它是一个系统性的概念，主要涵盖哲
学基础、伦理价值、工作操守、理论知识、工作方法、工作技巧、工作
者角色等多种元素。

（二）本土性社会工作

本土性社会工作是一个既陌生而又亲切的概念，陌生是因为在中国
本土语境中从来没有社会工作的表达和指称；亲切是由于中国实际上一
直存在和延续着本土性的助人活动，这些活动或多或少与社会工作存在
某种类似性。由此，此概念也具有较大争议性，一方面，用专业社会工
作的概念体系来比照和权衡，本土性助人活动具有零散性、随意性、非
制度性、非专业性和非职业化等特点，将其称为一种社会工作难免有些
牵强；另一方面，如果跳出欧美社会工作的所谓专业标准体系，从其本
质上看都是一种助人活动，只不过是专业化程度不同而已，因此冠以本
土性社会工作之名也未尝不可。事实上，本土性社会工作的称谓本身并
无意义，主要是看其使用的境遇和目的，如果我们使用本土性社会工作
只是为了与专业社会工作区别和对话也无可厚非。王思斌教授就用本土
性社会工作来判断和认定中国那些土生土长的、发挥着有效的助人功能
的制度化过程。他认为，本土性社会工作指生长于本土的，与经济、政

---

[1] Mayadas, Nazneen S., Thomas D. Watts & Doreen Welliott, 1997, *International Handbook on Social Work Education*, British Library, pp. 2 - 3.

治和社会制度以及文化传统相适应的，有效的、制度化的助人模式。[①] 基于此不难理解，本土性社会工作是相对于专业社会工作而言的，本土性就是在概述中国原有助人工作的非专业化特点，离开专业性，所谓的本土性也就失去了存在的意义和研究价值。综上，本书所谓的本土性社会工作主要指专业社会工作进入中国之前，在本土发挥着实际效用，并形成一种长期和相对固化的制度性助人模式。由于中国的现实情况较为复杂，具体到现实层面本土性社会工作涵盖内容众多，如民政服务工作、群众工作、思想工作、工青妇和残联的服务工作、民族事务工作等，在此无法穷尽。但我们大致可从三方面来判断和认定本土性社会工作的范畴：其一，必须是一种助人的活动或过程；其二，具有一定的福利性和服务性特征；其三，形成相对稳定和固化的模式。

（三）社会工作本土化

本土化对于多数学者来说并不陌生，它是中国尤其是台湾社会科学领域里使用较为频繁的词语。顾名思义，本土化是相对于外来化而言的，它反映的是一种变化和过程，即外来事物进入本土后不断调适乃至契合本土环境的过程。一般而言，本土化至少需要具备三个要素，一是处于中心或优势区域的事物，二是处于边陲或相对劣势区域的事物，三是中心区域的事物进入边陲区域后逐步适应当地的过程。有关社会工作本土化的界定复杂多样，其中有代表性的如下。非洲学者 Shawky 最早定义了社会工作本土化，他认为，社会工作本土化就是调整和修改进口模式使

---

① 王思斌：《社会工作本土化之路》，北京大学出版社，2010，第 317 页。

其适应本土的需求。埃及学者 Walton 和 Abo El Nasr 强调某一国家社会、政治、文化和经济特征的重要性，本土化就是从进口到认证的过程，这意味着调整西方社会工作话语来应对进口国独特的社会需求、价值和文化等。[①]澳大利亚学者 Meal Gray 教授认为，本土化可以由两股潮流组成，一股是后发展国家的本土化，如亚洲、非洲和南美洲的一些国家，主要指欧美社会工作进入这些国家后需要一个本土化的过程。另一股发生于发达国家，如美国、澳大利亚和加拿大等，主要指以白人为主导和中心的社会工作对于土著和印第安人在教育和实践方面的本土化。为了加深对本土化的理解，Meal Gray 还对本土化和本土知识、本土化和原住民社会工作做了联结和分析，她认为，本土化最初源于质疑西方专业社会工作模式在世界各国的普遍适用性，本土化既是多样性与专业化对抗的结果，也是西方模式对于非西方社会境遇不能完全奏效的产物。[②]

中国是社会工作后发展国家，其本土化的研究和探讨尚处于热门阶段。香港学者阮新邦认为，社会科学本土化的推动运动，是源于不能单纯依靠基建在西方文化脉络之上的科学理论，来解释中国的社会现象。[③]与此同理，香港学者李洁文认为社会工作本土化的关键在于："由于中国人社会的历史、文化背景与西方社会有着重要的差异，那么究竟我们现从西方大量吸纳的概念、理论、社会研究方法以至研究成果，在多大程

---

① Huang，Yunong & Zhang Xiong，2008，"A Reflection on the Indigenization Discourse in Social Work"，*International Social Work* 51（5）.

② Meal Gray & John Coates，2010，"'Indigenization' and Knowledge Development：Extending the Debate"，*International Social Work* 53（5）.

③ 阮新邦、朱伟志：《社会科学本土化：多元视角解读》，八方文化企业公司，2001，第2页。

度上可以被应用在这些社会脉络里?"① 北京大学王思斌教授认为，社会工作在中国本土化是指产生于外部的社会工作模式进入中国（这是一套经济的、政治的、社会文化的政治体系），同其相互影响进而适应中国社会的需要和发挥功能的过程。② 一般是指社会工作较为发达的国家或地区的经验进入后发展国家或地区所发生的现象。③ 而本土性社会工作主要指那些生长于本土的与其经济、政治和社会制度以及文化传统相适应的有效的、制度化的助人模式。中国人民大学李迎生教授认为，中国的社会工作本土化与本土社会工作并不能等同，社会工作本土化是指专业社会工作的国际通则适应中国环境后的产物。④ 综合上述国内外学者们的观点，我们认为社会工作本土化是一种持续动态的过程，即源生于发达国家或优势区域的社会工作不断在后发展国家或相对落后区域调适和契合的过程。而中国社会工作本土化主要指欧美专业社会工作进入中国本土后适应、排异和融合的过程。

（四）社会工作土生化

土生化由英文 Authentization 翻译而来，最初由埃及学者 Walton 和 Abo El Nasr 提及，这两位学者阐释了社会工作本土化的三个阶段。⑤ 第一

---

① 李洁文：《社会工作文化问题探讨：从社会科学本土化到社会工作文化反思》，何洁云、阮曾媛琪编《迈向新世纪——社会工作理论与实践新趋势》，八方企业文化公司，1999，第 391 页。
② 王思斌：《试论中国社会工作的本土化》，何国良、王思斌主编《华人社会工作的本质初探》，八方企业文化公司，2000，第 174 页。
③ 王思斌：《社会工作本土之路》，北京大学出版社，2010，第 317 页。
④ 李迎生：《构建本土化的社会工作理论及其路径》，《社会科学》2008 年第 5 期。
⑤ Meal Gray, John Coates & Michael Yellow Bird, 2008, *Indigenous Social Work around the World: Towards Culturally Relevant Education and Practice*, Ashgate, p. 26.

阶段是引进阶段，即后发展国家不加质疑和批判地将西方社会工作知识全盘移植到本国。第二阶段是本土化阶段，本土化是对于西方社会工作理论和实践与当地文化缺乏契合性的一种回应，它需要调适西方社会工作概念以适应当地的文化价值和社会需求，西方社会工作占有优势，是一种进口加工式的本土化。第三阶段是土生化阶段，土生化不同于进口加工式的本土化，是一种内生性和扎根性的本土化，它要求从本土的生态、经济、社会、文化和历史脉络中孕育社会工作模式。社会工作实践者应发展自身策略适应当地需求，本土知识是土生化的知识渊源。当然土生化并不排除西方社会工作，而是要以自身为轴心融合专业社会工作形成本土风格。

为了更好地理解土生化的概念，我们不妨借鉴台湾学者杨国枢的观点进行诠释。杨国枢曾提出社会科学本土化的三种模式：跨国模式、批判质疑模式和扎根模式。① 跨国模式主要批判盲目应用西方理论，强调本土学者基于本地研究而提出的主流观点。批判质疑模式主要聚焦于社会文化的差异，反对西方的社会科学帝国主义。扎根模式强调扎根本土研究的重要性，要求学者们发展出与本土相关的问题意识和研究程序。这三种模式尤其是扎根模式较好地诠释了土生化的含义，土生化主要是相对于本土化而言的，其含义是确保社会服务真正地和真实地扎根于本土系统，能够指导未来的发展，具有成熟性、契合性和原生风格。也有的学者认为，土生化是根据本国的政治、经济、社会和文化特点创建的一种社会工作模式，虽然这种做法并不完全排除来自其余国家的理论和经

---

① Huang, Yunong & Zhang Xiong, 2008, "A Reflection on the Indigenization Discourse in Social Work", *International Social Work* 51 (5).

验，但它意味着社会工作理论和实践模式产生的驱动力来源于内部，主要源于回应本国社会发展的实际需求，应对和适应特殊的经济社会发展模式。由此可见，本土化与土生化既有联系又有不同，联系在于本土化和土生化都属于广义的本土化范畴，土生化是本土化的高级阶段。其差异主要集中于八个方面，如表1-1所示。

表1-1　本土化与土生化内涵比较

项目 ＼ 概念	本土化	土生化
理念、价值、理论、模式	源于西方	源于本土
主要目标	改造西方模式适应本土文化和社会需求	基于本土政治、经济、文化和社会发展构建新的模式
驱动力	外衍性本土化	内生性本土化
对于西方模式的态度	肯定－调整－改造－吸收	质疑－批判－反思
关注重点	西方模式对于本土的适应性	提炼本土模式的重要性
本土性社会工作	改造	提炼、放大
相关核心概念	西方社会工作本土文化背景、知识	土著社会工作、本土性社会工作
阶段性	低级阶段	高级阶段

（1）本土化的理念、价值、理论、模式等起源于西方欧美国家，而土生化则主要起源于本土境遇；（2）本土化的主要目标是改造西方模式使其适应本土文化和社会需求，即进口加工，而土生化的主要目标是基于本土的政治、经济、社会和文化构建一种新的社会工作模式，即本土内生；（3）本土化的主要驱动力源自外部，而土生化的驱动力源自内部；（4）对于西方社会工作模式，本土化主要是首先持肯定接受态度，然后

调整改造为我所用，而土生化则一直持守质疑、批判和反思的立场；
（5）本土化主要集中于探索西方模式对于本土的适用性，而土生化主要
基于本土实际提炼社会工作模式；（6）对于本土既有的制度化和非制度
化的社会服务方式，本土化主要是参照西方专业化标准和框架进行改造，
而土生化主要是深入挖掘，总结本土经验模式，并将其扩展放大；（7）本
土化涉及的概念主要是西方专业社会工作、本土文化背景和知识，土生化
主要强调本土性社会工作、土著社会工作和实际工作境遇等。综上可知，
我们所指的土生化是一种深度的本土化，是本土化的高级阶段，它要求扎
根本土，构建一种原生性的社会工作。土生化并不排斥专业社会工作，而
是要扎根本土，吸纳和融合专业社会工作的营养元素形成自身风格。

综上所述，专业社会工作主要指欧美语境中的社会工作，是一种涵
盖价值、理念、理论、方法和技巧等多种元素的系统性概念。而本土性
社会工作主要是相对于专业社会工作而言的，主要指在专业社会工作进
入之前就实际存在的制度化和模式化的助人活动，是中国本土语境中的
社会工作。如图 1-1（1）、（2）所示，二者虽然本质上都是一种助人活
动，具有类似性，却是两个空间和两种语境中的事物，并无实质性联系。
如图 1-1（3），社会工作本土化主要指欧美专业社会工作进入中国后与
本土实际相契合的过程，这是一个专业性社会工作和本土性社会工作相
互排异和融合的过程。但一般而言，专业社会工作具有相对优越性，而
本土性社会工作则处于相对次要的位置，并不断被专业性社会工作所形
塑。如图 1-1（4），社会工作土生化是一种内生的社会工作本土化形态，
是社会工作本土化的高级阶段，它主要以本土性社会工作为基点，吸纳
和融合专业社会工作进而拓展成一种本土风格的社会工作模式。

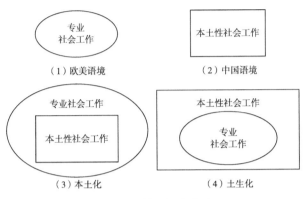

图 1－1　核心概念关系

三　研究意义的呈现

当前，中国社会工作正处于全面发展的新时期。随着专业化和职业化进程的不断推进，现实境遇中的排异或契合也不断凸显，因此，本土化也成为社会工作研究领域的热门议题。在这样一个关键的时期，我们开展社会工作本土化和土生化研究具有两方面的意义，一是理论意义，二是现实意义。

（一）理论意义

首先，社会工作本土化研究是社会科学本土化研究的重要组成部分，它可以对社会科学本土化研究产生不同程度的助推力。众所周知，社会科学本土化是20世纪80年代流行于华人社会科学界的一项重要研究议题，特别台湾社会科学界，尤其是心理学界涌现出了一批本土化研究的代表人物，如杨国枢、杨中芳、黄光国等。他们在本土理论、概念和实证研究方面进行了卓有成效的探索，并取得了显著成果。这些研究在一定程度上摆脱了社会科学追随西方社会主流研究亦步亦趋的局面，开启了中西方学术对话的可能性，极大地树立了华人社会的学术自信。不仅如此，本土化研究亦加深了中国人对自身的了解，也增进了世界对中国的了解，是中国对人类社会科学的发展做出的贡献。在社会科学本土化研究方面，中国大陆起步相对较晚，涉足者相对较少，因此还具有广阔的空间。大陆的社会工作本土化，因正处于探索时期，所以研究者更是屈指可数。在这样一种情势之下，开展社会工作本土化研究对于繁荣和推进社会科学本土研究具有积极意义。

其次，社会工作土生化研究是文化自觉和理论自觉的一种具体探索，有利于推进中国风格社会工作的形成。学界共知，文化自觉和理论自觉的提出者分别为我国社会学家费孝通和郑杭生。费孝通先生倡导的文化自觉主要指，"生活在一定文化中的人对其文化有'自知之明'，明白他的来历，形成过程，所具有的特色和它发展的趋向，不带任何'文化回归'的意思……'自知之明'是为了加强对文化转型的自主能力，取得决定适应新环境、新时代文化选择的自主地位"。[①] 文化自觉有两个使命，一是创造自己的文化，二是处理好与外来文化的关系。郑杭生先生提倡的理论自觉是文化自觉的一部分，但理论自觉又有其自身的特殊性，由此他主要结合"中国需要什么样的社会学？"阐释了理论自觉，其核心内容是："自觉到我们的目标是世界眼光、中国气派兼具的中国社会学，而

---

① 费孝通：《文化与文化自觉》，群言出版社，2010，第195页。

不是西方社会学某种理论的中国版，是中国社会学界对自己的理论的反思，也是对别人的理论的反思结果，是对自己所教学、所研究的社会学理论和社会理论的自知之明。"① 以这两位学者的观点来审视，社会工作土生化就是要跳出强势的欧美专业社会工作模式，以本土性社会工作为主，借鉴和融合专业社会工作的优势，从而建构一种土生化的社会工作并参与国际性对话，迈向费孝通先生所谓的"各美其美、美人之美、美美与共、天下大同"的境地。② 由此可见，社会工作土生化研究是文化自觉和理论自觉的具体探索和尝试。

最后，社会工作本土化和土生化研究是"道路自信、理论自信和制度自信"在研究领域的一种具体体现。2012 年 11 月，党的十八大报告深刻阐明了中国特色社会主义的一系列重大理论问题，鲜明提出了坚定中国特色社会主义的道路自信、理论自信、制度自信。道路自信就是要深刻认识和自觉把握中国特色社会主义道路的内涵与实质；理论自信就是要深刻认识和自觉把握中国特色社会主义理论体系的逻辑与特点；制度自信就是要深刻认识和自觉把握中国特色社会主义制度的本质与优势。③虽然这三种自信是针对中国特色社会主义道路的论述，但对于中国社会工作发展也具有直接或间接性的指导意义。因为从某种程度上讲，中国社会工作也需要走一条具有本土特色的道路，需要认识和把握本土社会工作理论体系，需要构建一种具有中国风格的社会工作助人制度，而这三个需要的实现必须诉诸本土化和土生化的探索。从这层意义上讲，社

---

① 郑杭生：《促进中国社会学的"理论自觉"——我们需要什么样的中国社会学？》，《江苏社会科学》2009 年第 5 期。
② 费孝通：《文化与文化自觉》，群言出版社，2010，第 195 页。
③ 包心鉴：《坚定道路自信、理论自信、制度自信》，《人民日报》2012 年 12 月 7 日。

会工作本土化和土生化研究是丰富和发展"道路自信、理论自信和制度自信"的一种具体探索和尝试。

（二）现实意义

众所周知，社会工作是衍生于西方的学科和专业，其价值、理论、技巧、方法及对于个体需要的假设都是契合于西方政治、文化、社会和历史脉络的。如果忽视中西方在这些方面的差异性，强行移植欧美模式来解决本国问题，势必会出现跨境域的水土不服。由此，开展社会工作本土化和土生化研究有三方面的现实意义。第一，中国社会正处于加速转型时期，社会问题愈发复杂，社会矛盾更加凸显，社会需求日趋多元。对此，探索一种有效的本土社会工作模式能够有效地预防与缓解社会矛盾和问题，满足社会成员的多元化需求，促进社会健康有序发展。第二，社会建设与社会治理是当前中国社会的一项重要理论和实践议题，而社会工作作为一项服务人的福利制度，不仅是社会建设和社会治理的重要组成部分，也是社会建设和社会治理的重要途径和手段。因此，推进社会工作本土化探索，有助于推动民生工程建设、加强和创新社会管理，进而达至"寓服务于管理、寓管理于服务"的良好状态。第三，中国社会工作正处于加速发展时期，由于受到西方强势学科的影响，一定程度上难以摆脱追随欧美亦步亦趋的态势。这种发展状况导致中国社会工作发展的"水土不服"现象较为严重。在这样一个时期开展本土化研究有助于构筑本土的理论和方法体系，推动专业发展。总之，开展社会工作本土化和土生化研究有助于推动社会和谐，有助于民生工程建设，有助于加强和创新社会管理，有助于推进专业发展。

第二章　文献梳理与述评

我们研究的问题是社会工作本土化，核心概念是专业化、本土化和土生化等。按照文献梳理"小议题、大视阈、广搜索、深聚焦"的原则，理应将研究问题和核心概念放置于一个更广阔的框架中进行梳理和阐释。由于专业化、本土化、土生化在某种意义上都属于一种社会工作的发展路径。基于此，我们将围绕社会工作发展路径展开文献述评，具体从理论呈现和现实经验两方面入手，在此基础上进行拓展讨论。

一　社会工作发展路径的理论述评

总览全球社会工作发展，隐约地存在着两种发展走向和驱动力，一种是发达国家专业化的驱动力，另一种是后发展国家的本土化探索。当然，这只是为了研究的方便性而进行的理想分类，具有某种程度的夸大性，借用美国学者白芝浩的话说："为了阐明一条原理，你必须夸大很多事情而又略去许多事情。"① 基于此，我们将循着这两种路径进行理论阐释。

---

① 〔美〕埃里克·霍弗：《狂热分子－群众运动圣经》，梁永安译，广西师范大学出版社，2011，第11页。

（一）社会工作专业化探讨

社会工作成为一个专业是近百年的事情，英美等国家从济贫工作开始发展演变出社会工作这样一种系统的助人学科和专业。然而，专业化也是一个具有争议性的议题。1915 年，在美国慈善大会上，学者 A. Flexner 提交了一篇题为《社会工作是一个专业吗?》的会议论文，文章认为社会工作不具备一个专业的特质，因为它不是建立在科学和知识的基础上的。[①] 这一点的确令广大社会工作者心有余悸，此后专业化一直成为社会工作的目标和指向。1917 年社会工作的先驱之一玛丽·里士满（Mary Richmond）女士撰写了一本名为"社会诊断"的著作，顾名思义，该著作将社会比作生命体，社会问题比作疾病，社会工作者就是社会问题的诊断"医生"。玛丽·里士满女士暗含的目标是，将社会工作者塑造成像医生一样具备权威性和科学性的专业人士。因此，《社会诊断》也成为社会工作正式成为一门专业的标志。1947 年，Lindeman 在《社会工作在混乱的世界中走向成熟》一文中认为，社会工作作为一个专业正在走向成熟，它能够吸收来源广泛的知识和技巧而又不会失去自己的身份。[②] 1966 年，Greenwood 的著名文章提出专业的特性包括：（1）系统的理论；（2）社区的管制与认可；（3）权威；（4）专业伦理；（5）专业文化。[③]

---

① Flexner A. , 1915, *Is Social Work a Profession*, in Proceedings of the National Conference on Charities, p. 589.

② 秦炳杰、陈沃聪、钟剑华：《社会工作基础理论》，香港理工大学出版社，2002，第 114 页。

③ 何国良：《社会工作的本质：论述分析的启示》，王思斌、何国良主编《华人社会－社会工作本质的初探》，八方文化企业公司，2000，第 153－154 页。

他认为社会工作确有其中一些特点，因此建议社会工作的任务是去获得更高的地位并获得专业化。① Greenwood 的观点受到了欧美社会的普遍认同，并成为专业社会工作发展的指导思想。沿着 Greenwood 的专业化标准，美英社会工作不断地发展理论和技术，规范伦理守则，推动相关立法和职业资格认证，塑造一种助人的专业文化，进而持续构建社会工作的专业特质。因此，社会工作由一种非专业的慈善行为发展为半专业化、专业化和高度专业化的科学。

面对社会工作的专业化趋向，并不是所有人都举双手拥护，也有不同的声音。许多学者沿着 A. Flexner 的质问继续前行，受马克思主义和韦伯理论影响的学者认为，专业化只不过是职业群体为保障和维护自身利益而采取的策略，背后的动力是权力和利益的驱使，目的是排斥其他社群于他们的圈子之外。② 与此相类似，M. S. Larson 认为，专业化是一个某类服务的生产者企图去塑造并控制其专业市场的过程，它是一个尝试把某种稀有资源——独特知识和技术，转化成别的稀有资源——社会和经济报酬的努力。③ A. S. Chambon 等人在《福柯与社会工作》一书中采用福柯的话语、权力和规训等经典概念解析了社会工作。他们认为，临床工作中，社会工作者通过专业话语规训当事人，使其自觉地被殖民化，最终被常规化。此外，社会工作者是与国家勾结在一起管理群众的控制者，

---

① 秦炳杰、陈沃聪、钟剑华：《社会工作基础理论》，香港理工大学出版社，2002，第114页。
② 何国良：《社会工作的本质：论述分析的启示》，王思斌、何国良主编《华人社会 - 社会工作本质的初探》，八方文化企业公司，2000，第153 - 154页。
③ 佘云楚：《香港社会工作专业化的梦魇：一个社会学的剖析》，何芝君、麦萍施编《本质与典范：社会工作的反思》，八方文化企业公司，2005，第73页。

是一个双面人，为了完成其目的必须主宰案主。① 近年来，受后现代主义思潮的影响，也有人提出社会工作是一种被建构的专业，建构者通过建构当事人的问题来谋求其自身的利益等。香港学者佘云楚通过对社会工作的社会学分析指出，那些所谓的"专业理念"或"专业特质"，如专业知识、服务取向、为当事人保密、内部调控等全属谎言，从主观上看，它们充其量是为这些"高人一等"的职业作装饰，从而令专业人士能够安寝于既得利益而不需自疚。② 这些批判性的观点极具穿透力，虽然有些观点难免有夸大之嫌，但其从不同的角度反思和质疑了社会工作，对于警醒专业化进程中出现的问题具有积极的意义。最后需要说明的是，尽管受后现代主义影响，反社会工作专业化呼声时有发生，但后现代"只破不立"的特性注定不会给出社会工作的另类发展路径。因此，Greenwood 的专业化特质始终在各国上空徘徊，社会工作专业化始终是各国发展的主流，由此，后发展国家也一度将美英社会工作视为模板，不断构建着社会工作的专业特质。

（二）社会工作本土化探讨

社会工作本土化是一个为众多学者所青睐的研究议题，因其具有系统性、复杂性等特征，我们将围绕"为何本土化？何为本土化？如何本土化？"三个问题导引进行梳理与阐释。

社会工作本土化的探索主要兴起于第三世界或发展中国家，学界一

---

① Chambon，A. S.，A. Irving & L. Epstein，2000，《福柯与社会工作》，王增勇等译，心理出版社，第 10 页。

② 佘云楚：《香港社会工作专业化的梦魇：一个社会学的剖析》，何芝君、麦萍施编《本质与典范：社会工作的反思》，八方文化企业公司，2005，第 80 页。

般将 1971 年联合国第五次社会工作训练的国际性调查作为本土化的开端。当时受到反殖民主义思潮与不结盟运动的影响，第三世界国家提出本土化的概念，意在质疑欧美社会工作理论与模式对于第三世界国家的适切性，其本质上是反对专业帝国主义。所谓专业帝国主义源于第二次世界大战之后，第三世界国家为了应对国内经济发展引发的各类社会问题，纷纷效仿美国建立社会工作教育和实践制度，它们坚信社会工作是一个国际性和普适性的专业，是一种全新的助人工作方法，可以用来解决所有社会的问题。[1] 这种专业理想主义导致的机械模仿和生搬硬套使其专业效用受到局限。美国学者詹姆斯·梅志里在《专业帝国主义：社会工作在第三世界国家》一书中叙述了这种现象："二战后，许多第三世界国家模仿西方创办社会工作学院开展专业教育，社会工作学生按照西方标准模式培养，使用同样的教材、阅读同样的杂志、学习相同的理论和方法，诉诸同样的工作方式处理问题。与此同时，国际性社会工作组织经常通过举办会议、展开学术交流和出版期刊等推动全球社会工作发展。整齐划一的工作模式被鼓励应用到不同经济、政治、文化和社会的国家。"[2] 事实上，欧美社会工作理念、方法与第三世界国家的现实存在较大的差异性。梅志里认为这些差异性主要集中于两方面，一是社会工作反映出个人主义、人本主义、自由主义和资本主义无限制等优越的欧美文化价

---

[1] Walton, Ronald G., M. Medhat & Abo El Nasr, 1988, "Indigenization and Authentization in Terms of Social Work in Egypt", *International Social Work* 31 (2).

[2] James Midgley, 1981, *Professional Imperialism: Social Work in the Third World*, London: Heineman.

值和政治意识，这些与发展中国家存在较大差异；^① 二是第三世界国家的社会工作者相对于发达国家有较少的公共资源可利用，他们处境较差，薪酬低廉，而且要承担大量的工作任务。^② 此外，他们面对的当事人大部分是贫困者、失业者、无家可归者、健康受威胁者和饥饿者，更需要物质上的援助，依靠咨询和辅导为主的西方社会工作显然是力不从心的。基于此，许多学者建议第三世界国家进行本土化的探索，A. John 也呼吁第三世界国家可以发展一个新的领域，即社会工作本土化，这样才有可能从社会工作中尽快地独立出来，站在自己的立场上解决问题。^③ 这些建议和呼吁得到了西方国家部分学者和第三世界国家的积极响应，探索社会工作本土化开始成为社会工作领域的重要议题。

社会工作本土化内涵较为丰富，各国学者从不同的立场和视角对其进行了阐释。梅志里认为，本土化主要指合适性，其意思是指专业社会工作者的角色必须适切不同国家的需要和社会工作教育必须适切社会工作在实务上的需求；^④ 香港学者吴水丽则认为，不能孤立地理解本土化的内涵，应将本土化（Indigenization）和本地化（Localization）、观念重建化（Reconcepualization）、土生化（Authentization）和处境化（Contextualization）等概念结合和比较理解。^⑤ 梁镗烈对此进行了进一步

---

① James Midgley, 1981, *Professional Imperialism: Social Work in the Third World*, London: Heineman.

② James Midgley, 1981, *Professional Imperialism: Social Work in the Third World*, London: Heineman.

③ Adair, John G., 1999, "Indigenization of Psychology: The Concept and its Practical Implementation", *Applied Psychology: An International Review* 48 (4).

④ Jamcs Midgley, 1981, *Professional Imperialism: Social Work in the Third World*, London: Heineman.

⑤ 吴水丽：《社会工作的处境化》，《香港社会工作学报》1989 年第 23 辑。

阐释，他认为："本土化一般是指把进口的社会工作理论、知识、工作技巧，通过使用本地的文化去理解个中的观念，从而建立出适合本地情况的社会工作；本地化则强调执行社会工作的人员都要是本地人，或是所使用的文献信息是用本地语写成的；观念重建的着重点在于意识形态的研究，特别强调通过'意识化'来使我们觉醒到外来的社会工作背后的一套意识形态与本地的不同，从而使社会工作植根于本土；土生化强调要基于某国家的社会、文化和经济特征去创造或建立一个适应本地社会、文化和经济特征的社会工作模式；处境化则注重从一个动态的角度去理解本地所面对的文化、政治、社会、历史、经济等因素（当中包含本地独特的处境和普世皆要共同面对的处境），从而建立一套合乎本土需要的工作模式。"①

社会工作本土化的策略复杂多样，由于各个发展中国家的政治、经济、文化和社会制度方面存在较大的差异，本土化的策略也不尽相同。但无论如何，社会工作本土化一般都遵循引进、批判质疑、改造、扎根本土等逻辑路径。Cheung 和 Liu 提出发展中国家推进社会工作本土化的五个原则和策略：（1）建立本土基础，如通过社会工作教育建立哲学基础、理论和工作守则；（2）在本土社会发展脉络中提出社会问题和发展策略；（3）重新界定西方的社会工作实践的核心观点、价值和知识基础，发展本土的概念和方法；（4）承认本土居民的历史文化经验和现实；（5）社会工作实践基于本土的资源和经验视角。② Yip 认为，社会工作实

---

① 梁镟烈：《社会工作本色化初探》，http://sociology.sysu.edu.cn，2009。

② Cheung, Maria, Liu Meng, 2004, "The Self-concept of Chinese Women and the Indigenization of Social Work in China", *International Social Work* 47 (1).

践本土化由四部分组成：（1）调整西方的社工实践；（2）在本土环境中实施；（3）本土化对于专业帝国主义和殖民主义的影响的批评；（4）重新设计技能和技巧。[①] 据此不难理解，不管发展中国家的社会工作本土化策略如何，社会工作的原初体系框架是不变的，这将成为权衡社会工作专业化的"金规则"。这种框架硬壳的存在在一定程度上推进了社会服务的标准化和专业化，但一定程度上也可能导致发展中国家的社会工作本土化只是被动地寻找与西方相近或相似的内容去充实这些框架，因而有意无意地忽略了探索其余可能性的路径，也可能消解和弱化本土非专业社会服务工作。由此，后发展国家对于西方框架的借鉴和应用应十分小心。

（三）社会工作土生化探微

土生化对于多数人来说还是一个陌生的概念，虽然已有学者零星地提及此概念，但还不够系统和完善。因此，下面我们将按照"为什么土生化？什么是土生化？怎么土生化？"的问题路径进行初步的探讨和呈现。

土生化是发展中国家在探索社会工作本土化进程中逐步衍生的概念。20世纪中后期，一些发展中国家开始表现出对于社会工作本土化后果的不满和质疑。它们开始自觉与西方社会工作模式保持一定距离，转向本土性的探索，其主要理由包括四个方面。首先，西方社会工作方法是基于满足个体需求的一种补救型干预，[②] 如美国社会工作模式更适用于处理

---

① Huang, Yunong & Zhang Xiong, 2008, "A Reflection on the Indigenization Discourse in Social Work", *International Social Work* 51 (5).

② Kristin M. Fergusn, 2005, "Beyond Indigenization and Reconceptualization: Towards a Global, Multidirectional Model of Technology Transfer", *International Social Work* 48 (5).

个体冲突、焦虑、抑郁、精神紊乱、自杀、排斥、家庭关系破裂和虐待儿童等问题。而发展中国家主要面临制度性和结构性社会问题，二者之间存在较大的鸿沟。据此，发展中国家的许多学者坚信基于根深蒂固西方模式理念的本土化并不能从根本上改变本土问题，目标上也不可能从补救性干预转向宏观社会结构和制度的重组。① 其次，西方社会工作是一个涵盖价值–伦理–守则–理论–方法–角色–技巧的系统性概念。这些核心概念之间相互依存，彼此套嵌，一方的存在以另一方的存在为基础，共同构成一个整体。如果在本土化过程中单项地去调整和修改其中的任何一个环节都有可能割裂社会工作的整体系统，从而影响其整体功能的发挥。如果整体系统的要素都要做调整和修改，而不以本土实际为轴心的话，又可能会造成一种用后发展国家的现实去填充西方既定框架的机械行为。再次，倡导土生化的学者们针对本土化提出一系列假设来证明他们的立场：西方式的大学培养模式培养出的社会工作者如何能解决本土的问题？基于欧美哲学和价值基础的传统社会工作如何应对贫困、移民和农民进入城市的流动人口和文盲问题？② 如果社会工作出口国并没有成功解决它们国家的诸如歧视、失业和贫穷问题，我们还会相信进口国的本土化吗？③ 如果西方社会工作的某种理论和方法本身就值得怀疑，而发展中国家却一味地对其进行调整和修改以适应本土，这样的本土化

---

① Elliott, Doreen, Nazneen S. Mayadas & Thomas D. Watts, 1995, *International Handbook on Social Work Education*, Westport, CT: Greenwood Press, pp. 65–85.

② Nyaribo, J. S. & Mugambi, A., 1980, "Social Development: Preventive and Developmental Trends", in *Social Work and Social Action*, Hong Kong: The Sixth International Symposium for the International Federation of Social Workers, pp. 13–16.

③ Kristin M. Fergusn, 2005, "Beyond Indigenization and Reconceptualization: Towards a Global, Multidirectional Model of Technology Transfer", *International Social Work* 48 (5).

意义何在？最后，本土化很容易在发展中国家形成"专业－非专业"、"主流－非主流"和"科学－非科学"的对立与区隔，这些对立和区隔很容易弱化本土一些碎片式的社会服务方法和模式。由此看来，以西方框架为中心的外衍式本土化是不够的，还必须更进一步探索基于本土的内生式本土化，即我们所说的土生化。

关于土生化的内涵，我们借助 Walton 和 Abo El Nasr 的观点将土生化概念放置于社会工作发展过程中去理解。二战之后，发展中国家的社会工作发展大致经历了三个阶段：专业帝国主义、本土化和土生化。[1] 其中土生化是在本土化探索的基础上提出来的，是本土化的一种延续和升华，如图 2－1 所示。

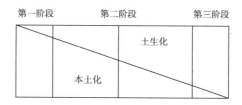

图 2－1 社会工作本土化和土生化路径

注：该图源于 Walton, Ronald G. & Medhat M. Abo El Nasr, 1988, "Indigenization and Authentization in Terms of Social Work in Egypt", *International Social Work* 31 （2）：135.

第一阶段是引进社会工作的初级阶段：发展中国家迫于应对国内问题的压力，坚信西方专业社会工作处理本国社会问题的有效性，因此，大量复制西方的教育和实践模式，致力于社会工作的专业化；第二阶段，

---

① Osei-Hwedie, Kwaku, 1993, "The Challenge of Social Work in Africa：Starting the Indigenisation Process", *Journal of Social Development in Africa* 8 （1）.

应用西方模式和经验解决本国问题的过程中，研究者和实践者开始逐步认识到单项地套用西方模式难以有效解决本国问题，因此致力于社会工作本土化运动，通过改造和调适西方社会工作来适应本土需求；第三个阶段，发展中国家通过对专业帝国主义和本土化的反思、质疑和批判，重新审视社会工作的发展，提出了土生化概念，主要倡导跳出西方社会工作模式，以本土经验和需求为原动力，构建一种全新的社会工作模式。

关于社会工作土生化的策略，许多学者从不同的层面提出了零散和系统性建议。其中，Mupedziswa 从实践层面提出，社会工作实践应该抓住那些已经被本国传统概念化但却被主流社会工作排斥在其范域之外的问题。因此，他强调社会工作者应该具有想象力和灵活性，以便应对 21 世纪出现的新问题，尤其应该重点关注失业、难民、艾滋病、环境和社会结构调整等问题。① 为了能够应对这些社会问题和未来可能出现的新问题，社会工作者必须接受适合本土的教育，从而具备必要的技能，以便应对未来社会发展的需求和挑战。Hwedie 从发展中国家需要宏观层面社会工作的角度出发，认为应将发展性的政策和策略作为社会工作实践的基础，社会工作的专业本质决定了它必须在社会发展进程中扮演多重角色。② 梅志里从社区资源的角度出发，认为社会发展和服务的策略必须依赖于本土社区资源和经验，而不是单纯地依赖于制度化的公共援助。Hwedie 总结非洲社会工作土生化的经验，指出非洲的问题必须由具备非洲风格的专业人士和社区成员共同解决。土生化的主要任务是构建一种

---

① Mupedziswa, R., 1992, "Africa at the Crossroads: Major Challenges for Social Work Education and Practice towards the Year 2000", *Journal of Social Development in Africa* 7 (2).

② Osei-Hwedie, Kwaku, 1993, "The Challenge of Social Work in Africa: Starting the Indigenization Process", *Journal of Social Development in Africa* 8 (1).

灵活而具有创造性的服务传递系统，而不是缩小和复制西方的模式。因此社会工作必须努力探索发展一套对于本土人格发展和社会生活的假设，定位发展专业的基础和理由，提炼实践获得的知识和技巧，定义社会工作的使命，形成非洲世界观，澄清社会工作专业的领域和专业知识，确定专业价值、理念和知识。① Walton 和 Abo El Nasr 在比照和梳理本土化和土生化的基础上系统总结了社会工作土生化的九个策略：（1）从社会工作的理论和模式中解放出来；（2）如果我们想理解社会工作是什么，不应该只局限于关注理论和概念，而应该关注实践者在做什么；（3）各个社会工作领域的实践者和教师都应该用一种科学和可控制的方式记录实践经验；（4）为了清楚认识社会工作的环境和工作背景，必须了解和收集当地需要、主要问题和村落文化的资料；（5）社会工作者应该致力于构建源于本国的社会工作模式，而不是进口别的国家的模式；（6）发展中国家应该从根本上转变社会工作教育，应该通过基于实践累积的经验来重新检视课程设置；（7）基于社会最紧迫的问题进行合适的实地培训；（8）维持国际社会工作联合会，为了参与土生化社会工作，在充分考虑各国环境和制度的情况下，第三世界国家加强合作面对共性的问题；（9）必须认识到专业既来源于科学的训练，也得益于个人的实践经验。②

（四）社会工作的未来走向

自梅志里提出专业帝国主义已经过去四分之一个世纪，世界政治、

---

① Osei-Hwedie, Kwaku, 1993, "The Challenge of Social Work in Africa: Starting the Indigenization Process", *Journal of Social Development in Africa* 8.

② Osei-Hwedie, Kwaku, 1993, "The Challenge of Social Work in Africa: Starting the Indigenization Process", *Journal of Social Development in Africa* 8.

经济、社会和文化均发生了相应变化。其一，苏联解体，第三世界国家的不结盟运动衰微，殖民地国家相继独立；其二，世界各国经济文化往来日趋频繁，全球化市场开始逐步形成，民主、自由、人权、平等、福利社会等已经成为一种普适性价值为各国所接纳；其三，当前世界各国面临越来越多的共性社会问题，如环境污染、气候变暖、弱势群体权益、医疗改革、艾滋病防治等；其四，各类国际性社会组织也相继成立，如国际社会工作者联盟、国际社会工作教育联盟、国际社会工作者联合会、国际社会工作学院联盟等，这些组织的会员单位遍布世界各地。在这样一种社会大背景之下，梅志里认为，开启发达国家与发展中国家社会工作国际对话交流的时机已经成熟。他明确提出，国际社会工作的交流是双向互动的，一方面是发展中国家对于发达国家社会工作的借鉴，这种借鉴是建立在本土实际需求评估的基础上；另一方面是发达国家对于发展中国家社会工作模式的引进和参照，用于弥补和革新自身模式的不足。① Gray 也呼吁西方社会工作者与第三世界社会工作者加强交流与对话。她认为，通过对话与社会互动可以形成一种新的文化，在这种文化中社会工作者至少可以学到新的理念、价值和自己文化中所没有的东西。本土性社会工作也可以成为国际社会工作的重要构成，而并非将西方社会工作作为一种传教士的圣经模板向世界各地传播。此外，社会工作者也要学会与自己的文化对话，认识到自己文化与异域文化的相同和差异，要有一个谦虚好学的态度，始终保持一个学习者的身份，而不是一个专

---

① James Midgley, 1997, "Promoting Reciprocal International Social Work Exchanges: Professional Imperialism" in Nazneen S. Mayadas, Thomas D. Watts, Doreen Welliott (eds., *International Handbook on Social Work Theory and Practice*), British Library.

家的身份。① Gray 和 Fook 提出探索一种灵活而有弹性的普适性社会工作框架是可能的，在这种框架中，既允许差别化又包含问责制及其快速响应和资源连接机制。② Mayadas 和 Elliott 认为应该用一种动态的视角来透视社会工作的交流与发展，他们认为，由于时代背景的不同，主导价值的不同，社会工作的模式与交流方向也不尽相同。社会工作的交流与发展主要经历了四个阶段，其中专业帝国主义主要产生于第二阶段，再概念化和本土化主要产生于第三阶段（见表 2-1）。而现阶段，即第四阶段，随着全球化和文化多元主义的盛行，各种民族和文化交流趋于紧密，社会工作已经不再局限于一国之内，而是逐步形成一种全球互动的态势，不仅包括发达国家对发展中国家的影响，也包括发展中国家对发达国家的影响。因此，在这样一种情形之下需要全球性的对话与合作，共同探索一种具有国际视野的超越本土的全方位社会工作模型。

表 2-1　国际社会工作交流四阶段模型

时间	交流的主要方向	价值	服务模式
第一阶段 （19 世纪 80 年代 至 20 世纪 40 年代） 早期开拓者	欧洲向美国	温和的专制主义 民族优越感 保护主义	慈善活动、怜悯 博爱、善举 社会控制

---

① Meal Gray, 2005, "Dilemmas of International Social Work: Paradoxical Processes in Indigenization, Universalism and Imperialism", *International Journal of Social Welfare* 14 (2).

② Meal Gray & Jan Fook, 2004, "The Quest for a Universal Social Work: Some Issues and Implications", *Social Work Education* 23 (5).

续表

时间	交流的主要方向	价值	服务模式
第二阶段 （20 世纪 40 年代 至 20 世纪 70 年代） 专业帝国主义	美国向其余国家	温和专制主义 民族优越感 殖民主义	社会控制、行为矫正 医疗援助、危机中心
第三阶段 （2 世纪 70 年代 至 20 世纪 90 年代） 再概念化和本土化	发展中国家之间	区域化、两极化 分离化、本地化	发展中国家的发展 反补西方工业国家
第四阶段 （21 世纪） 国际性社会工作	全球国际网络化	全球化、跨区域文化 文化多元主义、民主、多 样性；社会、文化和民族融合	全球范围内城市和 农村的发展

资料来源：Mayadas, N. & Elliott D. , 1997, "Lessons from International Social Work: Policies and Practices", in M. Reisch & E. Gambrill（eds.）*Social Work in the 21st Century*, Thousand Oaks, CA: Pine Forge Press, pp. 175 – 185.

在此基础上，Ferguson 认为，当前发展中国家的社会工作不仅要摆脱专业帝国主义的束缚，也要超越本土化和再概念化的局限。他强调通过跨文化和地域的合作与交流，进而建立一个全球性的、多方位的技术转让模型。[①] 如图 2－2 所示，在这个模型中，不论发达国家还是发展中国家都是社会工作的进出口国，它们通过平等对话与交流随时提供自己国家正在形成的社会工作知识和经验，这些知识和经验需要经过别国的转化与再转化，这样经过彼此的交流与循环形成一种专业模式、土生化模式、本土化模式互动的灵活框架，各国可根据本国实际弹性使用这些模式。

---

① Kristin M. Fergusn, 2005, "Beyond Indigenization and Reconceptualization: Towards a Global, Multidirectional Model of Technology Transfer", *International Social Work* 48（5）.

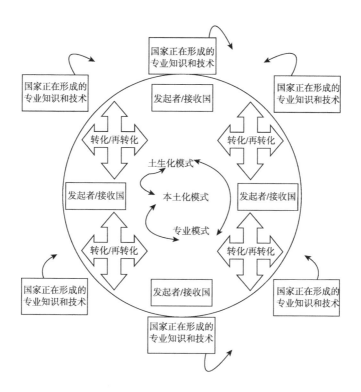

图 2-2 社会工作专业化、本土化和土生化多维模式转化与再转化循环模型

资料来源：Kristin M. Ferguson，2005，"Beyond Indigenization and Reconceptualization：Towards a Global，Multidirectional Model of Technology Transfer"，*International Social Work* 48（5）.

二 社会工作发展路径的现实呈现

社会工作是一个衍生于西方文化语境中的概念，"社会"（Social）与"工作"（Work）两个词语在不同的国家有不同的含义，二者的组合在不同文化和意识形态中亦有不同的解读。这种语言和国情差异给社会工作内涵的"共识性理解"带来了巨大的挑战。19世纪末，社会工作在欧美诸国发展传播时，许多资本主义国家当政者对此保持了一种警觉态度，在他们的意识里"Social"似乎是指社会和社会主义，"Work"指工人、无产阶级和无产者，二者组合起来即马克思倡导的"全世界无产者联合起来"。由此可见，他们将社会工作误解为一种社会主义运动。到了20世纪40～50年代美苏两大阵营对抗时期，以苏联为首的社会主义国家强调"政党意识"和"群众运动"，淡化"社会意识"，又将社会工作视为一种"资本主义麻痹大众，消解群众革命意识"的工具。即便是在社会工作享誉全球的今天，各国如美国、孟加拉、印度、埃塞俄比亚、南非和澳大利亚等对其含义的理解和实际需求指向也各有不同，[①] 欧美等发达国家倾向于将社会工作视为一种"补缺型"福利，是一种微观的"专业辅导和治疗"手段，主要通过连接社会资源协助个体实现自我价值与提升社会功能。而大多数发展中国家将社会工作视为一种宏观"社会政策与制度安排"，主要用于保障社会弱势群体的"物质层面"的需求。由此可见，社会工作在不同的国家有不同的发展路径和取向，在不同的文化中会有不同的呈现。以下我们将聚焦于具体国家的发展路径进行阐述和讨论。

（一）英国社会工作的专业化路径与现状

英国是资本主义和工业革命的发源地，也是社会工作的摇篮。虽然20世纪初社会工作重心转移到美国，但英国社会工作的发展脉络、当下状况及其遭遇困境对于构建国际社会工作和推动发展中国家的社会工作

---

① Nazneen, S., Tomas D. Watts & Doreen Elliott, 1997, *International Hand Book on Social Work Theory and Practice*, Greenwood Press, p. 1.

仍具有重要价值。

　　英国社会工作肇始于 16 世纪前后的反贫困工作，在反贫困过程中，政府出台的相关法令制度与宗教慈善人士建立的各种济贫机构为社会工作的萌生提供了契机、场域与延伸空间，使其经历了"宗教慈善行为 – 非专业化 – 半专业化 – 专业化 – 国际性"的艰难蜕变历程（见图 2 - 3）。

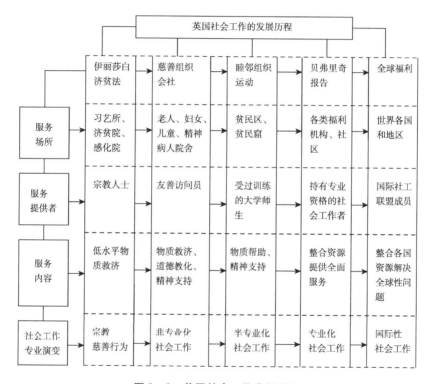

图 2 - 3　英国社会工作发展历程

　　具体历史脉络如下。

　　14 ~ 15 世纪新兴资产阶级掀起的"圈地运动"逐步使农民与土地分离，许多失地农民沦为城市流浪者，这些群体主要由教会实施救济。16

世纪初，贫民流浪发展成为规模性的社会问题，单靠教会力量已经力不从心，因此政府开始介入并接管济贫工作。16 世纪上半叶，政府出台刚柔相济的反贫困政策，一方面，禁止贫民流浪，规定有劳动能力者必须工作，对于离开家庭外出谋生者进行收容、鞭笞和强制送回所在教区；①另一方面规定教堂礼拜筹集的款项应用于救济病患和穷人。在此基础上，1601 年，《伊丽莎白济贫法》（简称《济贫法》）正式颁布，此法一般被学界视为社会工作之源头，它对社会工作的贡献有三：一是正式确立了国家对弱势群体肩负的社会责任；二是开设了"济贫院"、"习艺所"和"感化所"等社会救助机构；三是明确区分了"院内救济"和"院外救济"，体力健全者进"习艺所"用劳动换取救济，老、弱、病、残等进"济贫院"或实行院外救济，孤儿将被寄养或领养。② 这些措施客观上催生了一批宗教慈善人士致力于服务弱势人群，或许这就是社会工作者的初萌。当然，《济贫法》也存在诸多问题，如忽略了贫困者的尊严和潜能，造成"越济贫越多"的依赖现象，也加重了政府的财政负担等。因此，1834 年，英国政府修改《济贫法》出台《新济贫法》，《新济贫法》规定设立账目审查制度，废除院外救济，实施公共救济，削减院内救济水平等。由于《新济贫法》废除了院外救济，院内救济成为主要的救济途径，各种教会和私人福利机构（特别针对老人、妇女、儿童、残疾人、精神病人等）不断涌现，造成了重复救济和资源浪费。为了规范这种无序救济，1870 年，伦敦成立了慈善组织会社，设立"友善访问员"，访问

---

① James Midgley, 1981, *Professional Imperialism: Social Work in the Third World*, London: Heinemann. p. 16.

② 李增禄：《社会工作概论》，巨流图书公司，1995，第 21 页。

员通过入户调查而实施救济，并通过一对一的方式对贫民进行道德教化，使其树立生活自信。此外，访问员还为机构中的病人、老人和孤儿等提供精神支持服务。这些访问员的服务已经超越了慈善行为，接近于个案工作手法，但还不能称之为社工。19 世纪中后期，工业革命引发的贫困、失业、犯罪、酗酒、吸毒、卖淫等社会问题持续增多，各种贫民区和贫民窟相继出现。受基督教福音派"以实际行动关爱照顾每一个生命"理念的影响，① 英国开始兴起睦邻组织运动，1884 年，牧师巴涅特在伦敦东郊贫民区设立首个睦邻组织机构——汤恩比馆（Toynbee Hall），招募牛津和剑桥大学师生充当志愿工作者。志愿工作者经过短期培训后进驻社区，与贫民生活在一起并建立良好的关系，事先没有明确的工作计划，根据居民实际需求开展服务。② 志愿者主要通过挖掘社区资源，倡导互助合作等方式解决居民的问题。这种服务方式与慈善组织会社一对一的道德教化有所不同，是一种依靠小组和社区动力解决问题的方式，这已经具备了小组和社区社会工作的雏形，因此我们将这些志愿者称为半专业社会工作者。1895 年，英国政府在慈善医院设立了首位医疗社会工作者，开启了医疗社会工作探索之路。此后随着禁酒运动的兴起，又开设了监狱感化工作。1930 年，从美国引进了精神健康社会工作。③ 1942 年，举世闻名的《贝弗里奇报告》出台，提出建立由政府统一管理、普遍的"从摇篮到坟墓"的社会福利体系。这种普遍福利体系为社会工作真正走

---

① James Midgley, 1981, *Professional Imperialism: Social Work in the Third World.* London: Heinemann, p. 17.

② 李增禄：《社会工作概论》，巨流图书公司，1995，第 21 页。

③ Nazneen, S., Tomas D. Watts & Doreen Elliott, 1997, *International Hand Book on Social Work Theory and Practice*, Greenwood Press.

向成熟提供了平台，一方面，社会工作者摆脱了"资源匮乏，难以为服务对象提供实质性帮助"的困境，开始成为社会福利资源的整合者、承载者和传递者；另一方面，社会工作者不再局限于物质层面的济贫工作，开始转向精神和社会层面的服务。与此同时，英国社会工作受到美国社会工作教育的影响最终走向了专业化和职业化道路。20世纪50年代兴起"反院舍化运动"（Anti-institutionalization Movement），主要质疑和批评院舍照顾对服务对象造成的伤害（如脱离社会、依赖机构、丧失自我等），在此基础上逐步形成了让入院者回归社会的社区照顾模式。至此，英国实现了社会工作的高度专业化，并致力于与世界各国共同合作应对贫困、环境恶化、种族歧视、艾滋病等社会问题，迈向一种造福全人类的国际性社会工作。

上述英国社会工作发展历程似乎给人一种错觉，即社会工作在英国的发展是一帆风顺的，应对社会问题是积极有效的，也是被社会大众积极拥护的。事实上，英国社会工作的发展也面临诸多的困境与挑战，也饱受批评与质疑。概括而言，我们归结为"两种批评，三种挑战"。第一种批评质疑社会工作是政府之工具而非为民众服务。20世纪80年代以来，受到管理主义和行政干预的影响，社会工作机构开始引入科学和行政管理等手段，过多追求服务中的短时间和高效率，注重对政府的责任，有意无意地忽视了服务的质量和以人为中心的社会工作原初宗旨，因此社会工作者也被戏称为政府控制和压迫民众的"工具"和"帮凶"。第二种批评质疑社会工作者对服务对象的伤害。90年代以来，视觉社会悄然崛起，各种媒体信息充斥受众眼球，英国媒体报道了几起社会工作者性侵犯妇女和幼童的新闻，尽管是小概率事件，却形成了一种"蝴蝶效应"，造成了民众对于社会工作者的普遍不信任与污名化，对传统社会工作"慈善友爱"的形象造成巨大冲击。第一种挑战是如何保持社会工作的福利性。一般而言（见表 2-2），英国社会工作者大都隶属于地方政府社会服务机构（SSD），各种公共服务主要由地方政府社会服务机构提供，私人与志愿服务机构仅在有限的几个领域内服务。90 年代以来，受新自由主义思潮之影响，政府欲缓解财政压力而陆续推行社会服务市场化运作机制，鼓励私人服务机构进驻公共服务领域，形成多种制度混合的社会服务模式。这种社会工作服务进入市场竞争可能会提升效率，但也会使福利行为变异为商业行为，这成为社会工作面临的重要挑战。第二种挑战是如何保证社会工作解决问题的实际效果。受后现代主义思潮影响，当前英国社会工作倾向于采用"制度－结构"框架来审视和解释社会问题，[①] 即认为种族歧视、性别歧视、年龄歧视和残疾人歧视等社会问题的形成虽然与个人因素有一定联系，但根本上是由资本主义制度和社会结构造成的。因此，社会工作者应致力于改造宏观社会制度与结构，而非开展徒劳无益的微观社会服务。据此来看，多数社会工作者从属于既有制度之内，在实际工作中如何将制度结构的解释框架操作化并有效解决社会问题是其面临的重大挑战。第三种挑战是社会工作者如何在服务中维持传统的家庭属性。家庭的本质属性是一个充满争议的议题，传统上，无论是家庭组成形式与功能抑或成员权利、义务、分工都是既定的，然而，这种传统受到激进女权主义者和同性恋群体的挑战，他们倡导"后家庭价值观"，反对把女性作为家庭照顾者，反对固有的个体对家庭的牺牲

---

① Nazneen, S., Tomas D. Watts & Doreen Elliott, 1997, *International Hand Book on Social Work Theory and Practice*, Greenwood Press, p. 178.

与承担，倡导家庭的组合形式可以多元化，既可以是男女同性家庭，也可以是未婚同居家庭，还可以是"丁克"家庭等。这种倡导给社会工作者带来巨大的挑战，因为个人与家庭是社会工作的重要服务领域，社会工作有时需要持守传统家庭价值观，倡导家庭的功能，个人的角色，家庭成员之间的承担及其对家庭和社区中的病人、老人和残疾人的责任等。① 这些与家庭后价值观又相抵触，从而成为英国社会工作者未来面临的严峻挑战。

表 2-2 英国社会工作服务概况

社会工作服务机构	主要服务领域	服务承担者
地方政府社会服务机构（SSD）	儿童保护、家庭照顾、成人福利、病患个案管理、缓刑和服刑人士服务、学校服务、社区照顾、精神健康服务	注册社会工作者
私人服务机构	老人、智障人士、机构服务、居家服务和日托中心	注册社会工作者
国家志愿者机构	青少年服务、残障人士服务 药物滥用、酗酒、	受训志愿者

（二）美国社会工作专业化路径与现状

社会工作初萌于英国，继而辐射至美国，然后以美国为中心向全球扩散。美国社会工作历经了百年专业化进程，形成了统一的伦理、系统的理论、标准的教育和实践模式，实现了高度专业化，最终成为世界各国社会

---

① Nazneen, S., Tomas D. Watts & Doreen Elliott, 1997, *International Hand Book on Social Work Theory and Practice*, Greenwood Press, p. 179.

工作之模板和典范。纵观美国社会工作的发展轨迹，台湾学者李增禄认为，美国社会工作主要经历了"非专业化－初步专业化－高度专业化－超越专业化－挑战专业化－国际化"六个阶段（见表2－3）。以下我们将对这六个阶段进行具体阐释并对美国社会工作的困境做相应的探讨。

表2－3 美国社会工作发展路径

发展阶段	第一阶段	第二阶段	第三阶段
时间	19世纪初	19世纪末	20世纪50年代
社会背景影响事件	工业革命引发问题，宗教人士的慈善和怜悯	慈善组织会社、睦邻组织运动	社会工作教育体系成熟并向第三世界国家扩张
专业路径	非专业化	初步专业化	高度专业化
发展阶段	第四阶段	第五阶段	第六阶段
时间	20世纪60年代	20世纪70年代	21世纪
社会背景影响事件	社会问题增多、女权运动、黑人运动、反越战运动等	经济危机、福利危机	全球化社会
专业路径	超越专业化	挑战专业化	国际化

美国的工业革命早在1800年之后就开始了，1800～1819年是美国工业革命的酝酿和开端时期。而美国的社会工作的基本元素在19世纪中期才开始趋于明显，当时，工业化和城市化引发了诸多社会问题，各类弱势群体问题不断涌现，并呈现出规模化特征。这种情境与英国社会情形具有类似性，基于此，一些中产阶级慈善人士出于"宗教大爱"情怀，积极借鉴英国经验，建立各种慈善组织机构来应对和缓解本国遭遇的问题。其中，最具影响力的是慈善组织会社和睦邻组织运动，二者作为现代社会工作之先驱，从不同的视角定义社会问题，并通过不同的方式进

行干预和介入。1887 年，在英国的影响之下，美国第一个慈善组织会社成立于纽约州西部的老水牛城（Buffalo）。慈善组织会社强调对贫困人口实施有组织和有计划的救济，主要派出友善访问员对申请救济者进行全面系统的调查，并通过一对一的方式纠正贫困者的人格缺陷，这种倾向于个人主义的工作方式与美国移民文化产生了共鸣（即个体应调整自身去适应社会），① 因此迅速蔓延到其余城市并成为社会工作的最初实践形式。1889 年，美国著名慈善人士亚当斯·詹姆斯女士仿照英国汤恩比馆在芝加哥建立了霍尔馆（Hull House），从而开启了美国睦邻组织运动之先声。美国睦邻组织运动的组织者一般是中产阶级和上流社会的贵族，他们与贫困群体为邻，以便观察和了解其贫困的成因，从而获得第一手资料。与慈善组织会社将贫困等归结为道德和人格问题不同，睦邻组织运动主要将个人问题归咎于社会和经济病态原因。因此，他们诉诸更宏观的社会手段（如组织工会等）解决社会问题，致力于推动立法，改善本地乃至全国范围的经济与社会环境。睦邻组织运动者融汇浪漫主义、平民主义和渐进式改良主义的探索，形成了小组工作、社区运动的基础框架。② 尤其值得一提的是睦邻组织运动的多数参与者为上流社会的女性，她们留下了永恒的妇女儿童社会政策印记，这些成为美国社会工作的传统。由此可见，慈善组织会社和睦邻组织运动虽为民间发起的社会救助活动，但已具备个案、小组与社区工作的雏形，我们称之为半专业社会工作。

---

① Nazneen, S., Tomas D. Watts & Doreen Elliott, 1997, *International Hand Book on Social Work Theory and Practice*, Greenwood Press, p. 10.

② Nazneen, S., Tomas D. Watts & Doreen Elliott, 1997, *International Hand Book on Social Work Theory and Practice*, Greenwood Press, p. 10.

20 世纪初期，美国一些高校如哥伦比亚大学、芝加哥大学尝试开设社会工作专业相关课程，开始从理论上探索社会工作专业化。1917 年，里士满出版《社会诊断》一书，她的目标是将社会工作发展成为一门类似于医学的专业和职业，这标志着个案工作的正式产生。此后近二十年时间里，社会工作不断借鉴和融合弗洛伊德的精神分析理论，走上了科学和专业化道路，并不断应用到精神健康和心理治疗领域。这种倚重临床心理治疗的传统使得美国社会工作明显地区别于其他国家的社会工作，时至今日，尽管小组和社区工作已经非常成熟，但美国社会工作领域仍然偏爱临床社会工作的称谓。1930 年左右，受金融危机的影响，单靠私立社会服务机构难以应对日趋复杂的社会问题，因此政府福利机构开始介入其中，为了满足对社会工作者的大量需求，各种公立和私立大学开始培养学士、硕士和博士等不同层次的社会工作人才。1950 年前后，美国建立了社会工作协会和社会工作教育审议会，实行了社会工作职业资格制度，社会工作者与医生、律师和会计师一样具有了专业地位，[①] 并得到了社会的普遍认可。美国社会工作开始成为各国的典范，许多发展中国家和殖民地国家纷纷借鉴美国社会工作来应对自身国家发展中出现的社会问题。至此，美国社会工作达到了一个前所未有的专业化高度，因此我们称之为高度专业化阶段。

20 世纪 60 年代，美国的高度工业化和城市化导致了社会结构的急剧变化，宗教信仰和价值观受到了冲击与挑战，家庭伦理与道德瓦解，个人主义和自由主义盛行，各种社会问题不断凸显，如贫困、失业、酗酒、

① 李增禄：《社会工作概论》，巨流图书公司，1995，第 30 页。

吸毒、自杀、犯罪、卖淫、未婚先孕、同性恋等。此外，各种社会运动不断，如反越战运动、女权运动、黑人运动和性解放运动等。这些复杂的社会问题相互滚动交织使美国社会处于一种相对失序状态。对此，单靠微观的个案工作已经不能解决问题，还须借助于中观的小组和社区工作，更需依靠宏观的社会政策、社会行政和社会保障等综合性救助措施。由此，这些已经超越了社会工作的专业进入一种综合社会服务层面。20世纪70年代，为了应对国内经济危机，美国政府大面积削减福利，公共机构的社会工作岗位不断减少，大学出现社会工作专业"招生荒"的现象，这些对美国社会工作发展形成严峻的挑战。21世纪以来，全球化时代趋于成熟，美国成为世界政治、经济和文化的中心，开始致力于构建一种国际社会工作的探索之路。

美国社会工作在一个复杂的社会系统中运作，这个系统包括公共部门、非正式部门、志愿者组织和营利性组织等。在美国文化中，个人的社会需求通过自身、家庭和市场获得满足。公共部门、非正式部门和志愿者组织被视为个人责任的补缺，当个人和家庭不能满足个人需要时才起作用。此外，当个人和家庭面临严重意外事故时，亲戚、邻居、教会和社区等非制度性支持网络也会起作用。[1] 这些服务系统构成一个安全保障网络，使美国社会工作处于一种良性运行状态，较之其他国家具有绝对的优越性。然而，这并不意味着美国的社会工作是完美无缺的，它也有其自身的问题与不足。20世纪末，福利国家的改革对社会工作产生了重大影响，随着私人营利机构的不断增加，政府削减了福利经费预算，

---

① Nazneen, S., Tomas D. Watts & Doreen Elliott, 1997, *International Hand Book on Social Work Theory and Practice*, Greenwood Press, p. 13.

公共服务部门雇用的社会工作者逐步减少，专业化的社会服务受到影响。这些举措对于志愿者组织和营利机构也形成间接挑战，因公共部门专业社会工作者数量的大幅缩减，志愿者面临新的工作压力和挑战。营利机构的增加为社会工作增加了雇用岗位，但令人挫败的是这些机构对于利润的追求远胜于专业责任的承担。私人社会服务增多带来美好前景的同时也意味着服务的市场化竞争，市场化运作中的管理主义不仅削弱了社会工作者的实践自主性，也影响了当事人所能选择的服务类型。由此，社会工作引入私人服务改变了传统上对于贫困和受压迫者所持的责任和使命，私人实践者关注自己的利益胜于关注社会弱势群体的利益。美国有研究表明，私人服务的实践比公共机构中的实践在反贫困和维护正义方面富含较少的价值理念。[①]

美国社会工作面临的问题直接影响到社会工作者专业功能的发挥，如收入水平、工作条件、实践效果、未来的角色和职责等方面的影响。不仅如此，自尼克松政府开始，社会工作开始强调干预的有效性和科学评估，成本效应被运用到私人机构、志愿者组织和公共服务机构，社会工作机构注重服务数量大于质量，社会工作研究领域重视学术论文多于实践。尤其值得关注的是美国社会工作的专业化开始持续走向了非专业化，公共机构和私人机构都是如此。公共部门中以往需要特殊资格的社会工作岗位逐步被取消，取而代之的是没有受过专门训练的福利人士，这不仅导致了专业标准的降低，而且影响了服务效果。[②] 在私人福利机

---

① Nazneen, S., Tomas D. Watts & Doreen Elliott, 1997, *International Hand Book on Social Work Theory and Practice*, Greenwood Press, p. 24 – 25.

② Nazneen, S., Tomas D. Watts & Doreen Elliott, 1997, *International Hand Book on Social Work Theory and Practice*, Greenwood Press, p. 24 – 25.

构，雇用者难以聘用到专业社工，转而雇用一些浅尝辄止的咨询者，如婚姻和家庭咨询者、药物滥用咨询者、康复咨询者等。这种社会工作的非专业化侵蚀了传统社会工作的功能与角色，对美国社会工作形成巨大的冲击和挑战。

（三）印度社会工作本土化的探索与现状

印度是世界四大文明古国之一，有着深厚的历史积淀与宗教传统，种姓制度作为其传统社会的基本架构一直影响至今。作为南亚次大陆的最大国家，印度人口数多达 12.1 亿，80% 以上的人口从事农业生产，是仅次于中国的世界第二人口大国。18 世纪中期至 20 世纪中叶，印度沦为英国的殖民地长近 200 年之久，在政治、经济、文化和社会方面深受欧美之影响。1947 年印度获得独立以来，经济上开始了工业化道路，但小农经济仍占绝对优势。政治上确立了民主宪政，在国际上一直倡导亚非拉不结盟运动。当前，印度社会面临的问题主要是结构性的，如贫富悬殊、宗教冲突、环境污染、贫困人口和妇女儿童问题等。概括而言，印度社会正处于一种 "传统文化 - 后殖民思潮、城市发展 - 农村贫困、宗教信仰 - 科学主义、权力腐败 - 民生问题、发展主义 - 环境污染" 等多种对立因素相互交织状态。在这样一种社会状态下如何发展社会工作，或许也是多数发展中国家面临的共性问题。因此，研究印度社会工作的发展与现状对于发展中国家的社会工作具有重要借鉴意义。纵观印度社会工作的发展历程，我们将其归结为传统宗教救助、社会改革运动、专业殖民化（美国化）、本土化探索和土生知识探求五个阶段（见图 2 - 4）。

传统宗教救助	社会改革运动	专业殖民化（美国化）	本土化探索	土生知识探求
18世纪之前	19世纪至20世纪初	20世纪30~80年代	20世纪90年代	21世纪以来

图 2-4　印度社会工作发展历程

印度向来具有社会服务的传统，印度佛法赋予每个个体平等享有"慈善"的权利与义务，[①] 为有需要者提供帮扶一直为其主流文化所重视和推崇。[②] 传统上，社会服务主要依托于宗教慈善机构进行，如寺庙、寺院等，这些宗教场所既可以为贫民提供免费食宿，也可以为灾民提供庇护和救济。在部落和乡村社会，联合家庭、种姓制度和村落议事会等承担了较多社会服务职能，保障了贫困者、残疾人、病人、老人等弱势人群的基本生活需求。18 世纪末，印度开始沦为英国的殖民地，在"文明价值观"的指导下，英国在治理与掠夺印度的过程中，摧毁了印度传统的社会与经济结构，[③] 西方的自由思想在印度扩散和蔓延，加快了社会改革进程。1870 年，在英国人的支持下，印度宗教复兴领袖拉姆·莫汉·罗伊（Ram Mohun Roy）发起社会改革运动，主要倡导废除妇女自焚殉夫、禁止童婚和允许寡妇改嫁等，这项改革一直持续到甘地登上政治舞台。1920 年，圣雄甘地呼吁通过非暴力不合作方式争取民族独立，主张社会改革，为弱势人群提供服务。[④] 在西方自由思潮和民族运动的联合推

① Nanavatty, Meher C., Nazneen S. India, Tomas D. Watts & Doreen Elliott, 1997, *International Hand Book on* Social *Work Theory and Practice*, Greenwood Press, p. 245.

② Nimmagadda, Jayashree & Diane R. Martell, 2010, "Home-Made Social Work: The Two-Way Transfer of Social Work Practice Knowledge between India and the USA", in Mel Grary, John Coates & Michael Yellow Bird (eds.), *Indigenous Social Work around the Word: Towards Cultural Relevant Education and Practice*, Ashgate, p. 142.

③ 张本英：《18 世纪末至 19 世纪中期英国在印度的"文明使命"》，《安徽史学》2009 年第 2 期。

④ Nanavatty, Meher C., Nazneen S. India, Tomas D. Watts & Doreen Elliott, 1997, *International Hand Book on Social Work Theory and Practice*, Greenwood Press, p. 245.

动下，印度开始引进欧美社会工作来应对和解决本国社会问题。

　　印度最先在社会工作教育领域复制美国模式。1936 年，在美国推动下，第一个社会工作培训研究院塔塔（Tata）社会研究院在孟买市成立，主要负责人是美国人，该机构为印度提供了欧美社会工作的基本模式，时至今日仍是印度社会工作教育和研究的重要机构。1946 年，印度基督教女青年会（YWCA）在美国同行的指导和实质性帮助下，在勒克瑙（Lucknow）成立了第二个社会工作教育机构，该机构随后搬到德里（Delhi），取名德里社会工作学院，附属于德里大学社会工作学院，并承担了社会工作文学硕士的培养工作，1979 年正式并入德里大学。1950 年，巴罗达大学（the University of Baroda）社会工作学院成立，同样以美国社会工作模式为基础，这也是早年孟买和德里的一般模式。① 1951 ～ 1971 年，印度成立了 14 家社会工作教育机构。1980 年底，28 所院校提供社会工作硕士教育与训练。② 以美国模式为参照，印度社会工作教育课程分为四类：第一类包括与社会工作相关的印度社会、历史、文化、哲学及其社会问题等；第二类包括人类成长和发展的研究；第三类包括社会工作方法，如个案、小组、社区组织与发展、社会福利行政和社会工作研究等；第四类由专业实务课程组成，学生需要接受专门的训练。这些课程本质上都是模仿 20 世纪 60 年代美国社会工作的教育模式。③ 不仅

---

① Hans Nagpaul, 1993, "Analysis of Social Work Teaching Material in India: the Need for Indigenous Foundations", *International Social Work* 36.

② Hans Nagpaul, 1993, "Analysis of Social Work Teaching Material in India: the Need for Indigenous Foundations", *International Social Work* 36.

③ Hans Nagpaul, 1993, "Analysis of Social Work Teaching Material in India: the Need for Indigenous Foundations", *International Social Work* 36.

如此，在印度的社会工作相关教辅材料中，国外（主要指美国）出版物占据了绝对优势（见图2－5）。印度目前使用的有关儿童福利、家庭福利和领导能力训练等书籍全部来自国外，外国社会工作出版物占印度社会工作出版物的比重达到85%以上。由此不难理解，印度的社会工作教育是高度美国化的。

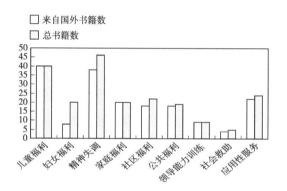

图2－5　印度社会工作出版物中外国（美国）书籍所占比例状况

资料来源：Hans Nagpaul, 1993, "Analysis of Social Work Teaching Material in India: the Need for Indigenous Foundations", *International Social Work* 36.

印度社会工作教育受美国影响有50多年，教育模式陷入固化和定式状态，其社会工作机构也是高度美国化的。1961年，首家专业社会工作机构成立，在印度社会福利委员会和政府的支持下，全国建立了众多分支机构。这些机构成员接受美国社会工作协会的资格认证，它们在国家社会发展中起到了积极的作用。20世纪70年代中期，由于机构领导倡导个人中心主义而引发了内部分歧，因此，机构受到重创而难以恢复。① 与美国相

---

① Nanavatty, Meher C., Nazneen S. India, Tomas D. Watts & Doreen Elliott, 1997, *International Hand Book on Social Work Theory and Practice*, Greenwood Press, p. 252.

似，印度社会工作者具有较强的专业身份与地位，多数受雇于政府福利机构，经常与医生、律师、精神分析师等协作开展工作，主要从事医务社会工作、司法矫治社会工作、精神康复社会工作及家庭妇女儿童社会工作等。其主要的工作方法包括个案工作、小组工作、社区组织、社区发展和社会行动等。此外，印度也有大量社会工作者受雇于非政府组织与志愿者服务机构，但这些机构多数由美国提供赞助，并被社会工作利益集团所控制，其主要使命是直接和间接提升美国社会工作在全球的影响力。① 由此可见，印度社会工作机构对于美国具有较强的依附性。

20 世纪 30～80 年代，印度社会工作一直在走美国化道路，忽略了两国在政治、经济、文化和社会层面的差异性。毋庸讳言，美国社会工作的衍生与发展是以工业化和城市化为前提的。而印度作为一个发展中国家，尽管工业化已取得一定成效，但农业人口仍占绝大多数，4 亿贫困人口问题仍然是其面临的主要问题。这一点决定了印度社会工作不能完全参照美国工业社会的模式。事实上，这已经被一些印度学者和实务人士所察觉，一位年轻学者基于其独立研究得出结论，认为印度社会工作教育和服务与其社会需求严重脱节，印度社会需要一个以预防性为主的宏观社会工作。② 美国克利夫兰州立大学社会学系 Hans Nagpaul 教授明确指出，印度的社会工作知识应该从社会改良者应用的知识和技巧中分析提炼，比如他们发动社会运动反对妇女殉夫和童婚，倡导禁酒和寡妇再婚等。与此相仿，Nagpaul 教授认为，社会工作毕业生学习的弗洛伊德精神

---

① Hans Nagpaul, 1993, "Analysis of Social Work Teaching Material in India: the Need for Indigenous Foundations", *International Social Work* 36.

② Hans Nagpaul, 1993, "Analysis of Social Work Teaching Material in India: the Need for Indigenous Foundations", *International Social Work* 36.

分析理论，过度严格大小便训的创伤效应等与印度的实际经验是不相干的。① 基于此，20世纪90年代以来，印度一直在探索西方社会工作知识的本土化和本土知识的应用。虽然尚处探索阶段，但已经开始立足于本土的农民问题、妇女儿童问题、酗酒问题和贫困问题等展开服务，并能在实际工作中注入本土的文化与社会因素，从而取得了一些成功经验。以微观层面的戒除酒精成瘾为例，印度是一个酒精消耗量较大的国家，特别是在底层社会，酒精成瘾引发的贫困、暴力和犯罪问题屡见不鲜，这对于印度社会来说是一个巨大的挑战。1990年开始，社会工作者在戒除酒精成瘾的临床辅导中主要借鉴和运用美国著名的海瑟顿模式（Hazeldon Model），然而遭遇了较大挫败，因为海瑟顿模式所持的理论假设与治疗方法明显与本土文化社会背景不符。② 海瑟顿模式主张对家庭中酒精依赖成员（主要指丈夫）实施"严厉的爱"，如果有必要，妻子可以离开酗酒丈夫以便让他能认识到自身错误而意识觉醒。很明显这是与印度文化相悖的，印度文化中，包办婚姻是常态，如果妻子离开丈夫会遭到社会强烈谴责，因为它违背了妻子对于丈夫的德行与责任，③ 这是一种

---

① Nimmagadda, Jayashree & Diane R. Martell, 2010, "Home-Made Social Work: The Two-Way Transfer of Social Work Practice Knowledge between India and the USA", in Mel Grary, John Coates & Michael Yellow Bird (eds.), *Indigenous Social Work around the Word: Towards Cultural Relevant Education and Practice*, Ashgate, p. 143.

② Nimmagadda, Jayashree & Diane R. Martell, 2010, "Home-Made Social Work: The Two-Way Transfer of Social Work Practice Knowledge between India and the USA", in Mel Grary, John Coates & Michael Yellow Bird (eds.), *Indigenous Social Work around the Word: Towards Cultural Relevant Education and Practice*, Ashgate, p. 143.

③ Nimmagadda, Jayashree & Diane R. Martell, 2010, "Home-Made Social Work: The Two-Way Transfer of Social Work Practice Knowledge between India and the USA", in Mel Grary, John Coates & Michael Yellow Bird (eds.), *Indigenous Social Work around the Word: Towards Cultural Relevant Education and Practice*, Ashgate, p. 143.

社会软控制。再者，海瑟顿模式主张戒酒者的独处与反省在印度难以实现，因为住院戒酒的当事人不断会有亲戚朋友前来探望，这是一种社会习俗。鉴于这些社会软控制与习俗，印度社会工作者发展出一种家庭支持项目，一方面家庭成员（尤其妻子）的在场参与成为一种强制性需求，这符合家庭成员自身意愿和社会的期望，因为个人的自我决定取决于家庭的整体福利；另一方面，社会工作者利用亲戚朋友探望的时机开展一些工作，告知他们当事人酒精成瘾的情况及其在恢复过程中他们可提供的帮助。因此，这种指导性实践的本质与印度文化中高度强调家庭集体价值和社区支持是相契合的，它不仅修正了高度强调个人主义的西方模式，而且从根本上建立了一种以家庭和社区为中心的小组支持维度。[1]

21 世纪以来，印度社会工作者还将戒酒与种姓制度联系起来，发展出一套土生性社会工作知识。种姓制度对于西方社会是较为陌生的，却是印度社会最重要的基础结构。婆罗门属最高种姓，其次是刹帝利、吠舍和首陀罗。除此之外，还有一类人被排斥在种姓之外称作贱民或哈里真。[2] 印度的社会工作者发现，不同种姓对于酒精滥用的态度也不相同，利用这种阶层文化差异可以有效开展戒酒工作。对于婆罗门，饮酒是一种罪行和道德污点，会激起同阶层的排斥与反感，因此，社会工作者通

---

① Nimmagadda, Jayashree & Diane R. Martell, 2010, "Home-Made Social Work: The Two-Way Transfer of Social Work Practice Knowledge between India and the USA", in Mel Grary, John Coates & Michael Yellow Bird (eds.), *Indigenous Social Work around the Word: Towards Cultural Relevant Education and Practice*, Ashgate, p. 145.

② Nimmagadda, Jayashree & Diane R. Martell, 2010, "Home-Made Social Work: The Two-Way Transfer of Social Work Practice Knowledge between India and the USA", in Mel Grary, John Coates & Michael Yellow Bird (eds.), *Indigenous Social Work around the Word: Towards Cultural Relevant Education and Practice*, Ashgate, p. 145.

过唤起当事人的愧疚感而消除其对酒精的依赖。对于首陀罗和哈里真，在其家庭和社区中饮酒是被允许的，并非一种罪行。特别是哈里真的酗酒已成为一种常态，这些行为背后有着深层次的社会缘由。虽然印度自独立以来就不断消除对哈里真的排斥与歧视，但他们仍然被固化在社会底层，遭遇了不可逾越的经济社会障碍。因此，失意的哈里真酗酒成为一种结构性社会问题。这种社会排斥严重违背了西方的人权和社会公正理念，使用西方的社会工作模式可能于事无补。对此，印度社会工作者发现巫师、巫医和占星术对于哈里真的生活意义，特别是他们对于占星术的笃信，他们认为星座移位和紊乱是厄运的预兆与象征，[①] 甚至将酗酒引发的各种问题也归结为星座位置不当所致。由此，社会工作者将占星师、巫师和祭祀等也吸纳到当事人的康复过程中，使用星相和神谕等知识助其逐渐戒除酒精成瘾。由此可见，本土的智慧、信仰和实践知识对于社会工作来说是极其重要的。

　　印度社会工作在微观个案和小组层面取得了一定进展，但宏观的农村社区和社会发展对其更具现实意义。与美国不同，印度社会的结构性问题更为突出，民众物质层面的共性需求更为显著。印度经历了几十年的工业加速发展，片面强调经济增长的同时忽视了农业危机。发展工业引发的环境恶化，水资源枯竭加上"绿色革命"导致的土质下降对农业生产造成了很大的破坏。这些因素和不合理的土地制度和农业基础设施薄弱等使得底层社会问题更加凸显。印度国家企业委员会组织部

---

① Nimmagadda, Jayashree & Diane R. Martell, 2010, "Home-Made Social Work: The Two-Way Transfer of Social Work Practice Knowledge between India and the USA", in Mel Grary, John Coates & Michael Yellow Bird (eds.), *Indigenous Social Work around the Word: Towards Cultural Relevant Education and Practice*, Ashgate, p. 145.

（NCEUS）2007 年的调查数据显示，印度约有 8.36 亿人（占总人口的 77%）每天仅靠不足半美元生存，更令人担忧的是自 2002 年伊始，每 30 秒钟就会有 1 个农民自杀，[①] 农民的自杀与国家对农业忽视有很大关系。对此，印度社会工作的本土经验是加强政府和非政府组织在基层社会发展中的协同作用，致力于实施农村反贫困项目。一方面，通过建设社区基础设施，保护自然资源，增加农业生产；另一方面，通过社区培力，促进农民社会资本建设，走向积极的反贫困政策。这些宏观层面的反贫困项目与印度的规模性社会问题具有契合性。如表 2-4 所示，Sadguru 基金支持下的社会工作反贫困项目 30 年来取得了巨大的成就，土地受益面积达 259696 亩，惠及 1155418 人。由此看来，基层社区建设和发展将是印度及许多发展中国家社会工作发展的主要方向。

表 2-4　Sadguru 基金支持下的社会工作反贫困项目取得的成就概况
（1976 年 1 月至 2007 年 3 月）

项目	取得的成就（个）	土地受益面积（亩）	受益人数	
			家庭	个人
梯度式灌溉系统	296	40979	20968	125808
蓄水防洪大坝	306	46135	21061	118366
村井回灌工程	27637	36156	29071	163908
流域开发	—	56767	19248	115488
社会林业（农村种植树苗数量）	52979929	56050	79877	479262
农村综合林管理	—	13390	4339	26034

① Agoramoorthy, Govindasamy & Minna J. Hsu, 2008, "Reviving India's Grassroots Social Work for Sustainable Development", *International Social Work* 51 (4): 548.

续表

项目	取得的成就（个）	土地受益面积（亩）	受益人数	
			家庭	个人
园艺（田亩）	20055	10219	19800	118800
农村沼气发电厂	1292	—	1292	7752
农村卫生治理（厕所）	525	—	525	—
总数	—	259696	19618	1155418

　　资料来源：Agoramoorthy，Govindasamy & Minna J. Hsu，2008，"Reviving India's Grassroots Social Work for Sustainable Development"，*International Social Work* 51（4）：544－555。

（四）澳大利亚社会工作本土化的探索与现状

　　澳大利亚是继巴西之后南半球第二大国，领土面积约770万平方公里，人口约2270万人，其中，土著人口约40万人。由于地理和气候等自然因素的影响，澳大利亚成为世界上人口最密集和分布最不均衡的国家之一，中西部人口稀少，东部人口稠密。澳大利亚也是一个蕴含多元文化的移民国家，在18世纪末被英国占领前，主要为土著人居住。19世纪前后大批移民进入并形成六块殖民地各自为政的格局。20世纪初，六块殖民地改称六个州并组建了澳大利亚联邦。1931年，澳大利亚成为英联邦的独立国。20世纪后期，澳大利亚摆脱英国法律的桎梏，最终赢得司法终审权。迄今为止，澳大利亚包含六州两区，即新南威尔士州、维多利亚州、昆士兰州、南澳大利亚州、西澳大利亚州、塔斯马尼亚州、北部地方区和首都直辖区。此外，澳大利亚也是南半球经济最发达的国家，多数人拥有较高的社会福利和保障水平。尽管澳大利亚属发达国家，但其社会工作发展历程较为短暂，早年受英国影响较大，其后追随美国，最后逐步走向去殖民化和本土探索之道路，尤其是在原住民问题、多元文化主义和地理位置隔绝问题等方面的经验对于发展中国家具有重要的借鉴意义。

澳大利亚的社会工作形成于 20 世纪 20～30 年代，其发展缘由较为独特，并非像其他国家源于"济贫"工作，而是源于医疗服务领域。随着医疗服务的全面深入发展，许多医院意识到"医疗技术 + 专业服务"才是一种理想而有效的治疗模式，因此，医院除了需要志愿者之外，更需要受过专门训练的医务社会工作者。然而，由于澳大利亚的社会工作训练课程体系尚未建立，所以第一批社会工作者主要从英国和美国获得专业资格。随后，在悉尼、墨尔本和阿德莱德等地设立社会工作训练委员会，主要借鉴英国和美国模式，通过大学和医院相结合为工作者提供专业训练。20 世纪 30 年代，社会工作者的数量开始稳步增长，许多大医院都设立了社会工作部，六个州都成立了社会工作协会，这些组织成为澳大利亚社会工作协会（AASW）的先驱。① 20 世纪 40 年代，社会工作训练开始转入大学，悉尼大学率先开设了社会工作课程，其余各州的大学也开始竞相仿效。基于此，社会工作者的专业身份得到认可，其地位开始持续上升，大量的社会工作岗位开始设立，标准化的社会工作教育逐步形成，而且从医务社会工作扩展到失业、妇女、儿童、残疾人等领域。1946 年，各州社会工作协会联合组成澳大利亚社会工作协会，社会工作协会作为一个强有力的组织在保持和促进社会工作教育标准，提升社会工作者专业身份方面扮演了重要的角色。② 澳大利亚的社会工作者数量是

① Auatralia, Jim Ife, S. Nazneen, Tomas D. Watts & Doreen Elliott, 1997, *International Hand Book on Social Work Theory and Practice*, Greenwood Press, p. 383.

② Auatralia, Jim Ife, S. Nazneen, Tomas D. Watts & Doreen Elliott, 1997, *International Hand Book on Social Work Theory and Practice*, Greenwood Press, p. 383.

难以估算的，截至 1996 年，社会工作者协会拥有会员 4500 人，粗略估算，全国共有 14000 多名社会工作者。每年大约有 1000 名社会工作者毕业于社会工作协会承认的相关课程，他们并不都从事社会工作，有的也从事管理、研究、社区发展和心理治疗等工作。此外，还有许多人受雇于社区服务行业，其职业资格并不被社会工作者协会承认，名称也多种多样，如"福利主任"、"社区工作者"、"青少年工作者"、"小组工作者"等，这些在其余国家大都属于社会工作。①

澳大利亚是一个具有短暂历史的移民国家，社会工作受到其他国家理论和实践的影响较大，特别是英国和美国的影响。20 世纪 70 年代之前，澳大利亚的社会工作研究生教育尚未展开，大学社会工作学院的关键位置被来自海外的学术权威和从欧美获得学位的人把持，这种情形一直持续到 20 世纪 80 年代末。② 这种高级学术位置被海外背景社工长期占据的状况，客观上延缓了澳大利亚发展本土社会工作的进程，也造成和强化了美国社会工作模式普遍有效的错觉。20 世纪 90 年代，澳大利亚社会工作教育开始掌握在本土社会工作者手中，一些实践者开始根据澳大利亚背景探索社会工作本土化，其中比较有成效的是墨尔本圣劳伦斯兄弟会（Brotherhood of St. Laurence），该组织恪守为当事人赋权的原则，社会工作者主要履行提供资源和专业知识的功能，当事人在选择和决定服务方案方面承担主体责任。圣劳伦斯兄弟会的探索不仅形成了一种新的实践模式而且激起了澳大利亚社会工作者创新的热情，使他们认识到有

① Auatralia, Jim Ife, S. Nazneen, Tomas D. Watts & Doreen Elliott, 1997, *International Hand Book on Social Work Theory and Practice*, Greenwood Press, p. 383.

② Auatralia, Jim Ife, S. Nazneen, Tomas D. Watts & Doreen Elliott, 1997, *International Hand Book on Social Work Theory and Practice*, Greenwood Press, p. 383.

能力发展本土性社会工作实践，不需要单纯依靠国外的知识。①

概括而言，澳大利亚土生化社会工作的探索主要集中于三方面，当然这些探索有的已经成形进入土生化阶段，有的还处于发展阶段。第一是原住民社会工作，澳大利亚现有土著居民 45 万人，其中 27% 居住于边远地区和岛屿，他们身处社会底层，居住环境恶劣，失业率、文盲率、犯罪率与婴儿死亡率均高于其他群体。不仅如此，他们的文化经历了 200 多年种族主义和殖民主义的压迫而被贬损和边缘化，他们的家园和土地被侵占。尤其值得关注的是，20 世纪 60 年代以前的 100 多年时间里，成千上万的土著儿童被强行带走交由白人抚养，这些人被称为"偷走的一代"。鉴于土著人特殊的背景与处境，澳大利亚社会工作者注重文化的敏感性和服务的适合性，逆转压迫性，推动和促进土著人的赋权，发展出土著社会工作。一方面，注重土著人的人权和话语，社会工作者创造性地将甘地的非暴力不合作运动方式应用到土著人争取权利的斗争中，充分吸纳土著人参与到服务传递和设计中，协助其通过抗争行动争取土地权、福利权与社会参与权等；另一方面，社会工作者通过研究与土著相关的文学、历史、艺术、电影文本了解土著的文化，掌握土著语言，应用"叙事"或"口述史"的方式呈现当事人的生命故事，唤起社会各界的关注，同时唤起土著人重建文化的自信心和驱动力。第二是多元文化交织情境中的社会工作，澳大利亚是一个多元文化交汇的国家，20 世纪后半叶，大量的移民进入澳大利亚，最初来自欧洲国家的居多，后来东南亚移民开始占多数，也有少数来自南亚、中东、非洲和世界其他地区

---

① Auatralia, Jim Ife, S. Nazneen, Tomas D. Watts & Doreen Elliott, 1997, *International Hand Book on Social Work Theory and Practice*, Greenwood Press, p. 392.

的人。作为盎格鲁－凯尔特民族占多数的国家，这些移民导致澳大利亚社会的极大变化。① 在这样一种背景下，社会工作者既要接受文化的多样性，又要针对不同的文化提供特殊化的服务，他们在提供多种语言服务的同时始终保持一种文化的敏感性和警觉性，在多样性文化中寻求人性的共性特质，从而增进不同文化群体对话的可能性。第三是边远地区社会工作，尽管澳大利亚是一个城市化程度很高的国家，但由于地理因素的原因，其还有许多十分边远的社区和村落，一些服务需要传递给几千公里之外的孤立家庭和个人。这对于社会工作者来说是一个巨大的挑战，因为欧美社会工作的模式主要在人口密集地区形成。由此，澳大利亚社会工作者发展出远距离社会服务模式，其中具有代表性的是澳大利亚基督教长老会牧师约翰·弗林所创立的皇家飞行服务队，主要通过航空形式为在偏远地区居住、工作和旅行的人们提供 24 小时医疗和保健服务。② 此外，社会工作者在发展当地志愿者和同事的同时也使用网络、视频、无线电和电话等为边远村落居民提供远程咨询服务。

综上所述，尽管澳大利亚社会工作在本土化和土生化方面取得了较大的发展，但仍然面临艰巨的挑战，一些澳大利亚学者将这些挑战归结为六个层面③：（1）社会工作的角色与功能定位取决于国家的社会福利架构，当福利国家处于危机状态时，社会工作将会是前途未卜；（2）新管

---

① Auatralia, Jim Ife, S. Nazneen, Tomas D. Watts & Doreen Elliott, 1997, *International Hand Book on Social Work Theory and Practice*, Greenwood Press, p. 392.

② 崔颖：《澳大利亚的社区卫生服务制约激励机制及其启发》，《中国全科医学》2011 年第 11 期。

③ Auatralia, Jim Ife, S. Nazneen, Tomas D. Watts & Doreen Elliott, 1997, *International Hand Book on Social Work Theory and Practice*, Greenwood Press, p. 398.

理主义的威胁，随着社会工作的去神秘化，许多社会工作机构强调技巧、竞争和效率，无形之中否定或冲淡了社会工作的基础价值和知识；（3）包括私有化在内的经济理性主义的影响，社会工作专业服务中使用了市场逻辑；（4）面对土著人和社区的需求和愿望，社会工作者要更加敏感；（5）社会工作实践需要文化方面的考量，以便社会工作实践能够牢牢地植根于多元文化社会；（6）表达边远和隔离家庭、社区居民的诉求，发展适合于非都市地区使用的社会工作模式。这些都是澳大利亚社会工作今后需要应对的问题。

三　社会工作发展路径的总体讨论

通过社会工作发展的理论分析与现实呈现，我们可以知道，当前社会工作发展存着两条路径。第一条是欧美发达国家"非专业化－专业化－高度专业化－国际性……"的探索与扩展。二战之后与冷战时期，以欧美文化殖民、文化霸权和文化帝国主义为表征的后殖民主义思潮兴起。在这样一种大的社会潮流背景之下，西方社会工作在某种程度上也具有了专业帝国主义和专业殖民主义的色彩。与此同时，联合国及其各种委员会在推动美国社会工作向其余国家传播中也到了积极的作用。[①] 第二条是后发展国家"自我专业殖民化－反专业帝国主义－本土化……"的承接与应对。对于欧美社会工作的全球扩展，许多发展中国家纷纷照搬来应对本国遭遇的社会问题，然而，这种照搬模式导致"水土不服"

---

① Hans Nagpaul, 1993, "Analysis of Social Work Teaching Material in India: The Need for Indigenous Foundations", *International Social Work* 36.

现象出现。在后殖民主义批判话语和思潮的影响之下，发展中国家逐步开始质疑、反思和批判西方社会工作的中心地位。

（一）欧美社会工作专业帝国主义与"麦当劳化"

学界共知，社会工作源起于英国，兴盛于美国。美英同属一个语系，都是工业化和资本主义发展较早的国家，共同倡导和秉持基督教精神、个人主义、人本主义和自由主义等价值理念（这些都是社会工作的哲学基础）。虽然两国在社会工作理解和侧重方面存在细微差异，但丝毫不影响其相互借鉴、彼此相容的大趋势。不仅如此，以美英为代表的欧美文化价值与政治主张在全球社会具有绝对优势，英美社会工作在国际社会工作组织中也具有相当的话语权。二战后，这些文化价值与专业地位的优越性或多或少掺杂了"后殖民主义"的思维，以美英为首的欧美国家致力于打造一种全球性的普适社会工作，其背后的假设是社会工作符合全世界的人类需求与心智模式。不论其真实意图与指向如何，这在客观上促成了社会工作的国际化倾向，国际化本身无可厚非，但我们需要警醒的是究竟是谁的国际化？事实上这种社会工作的国际化一定程度上呈现出"麦当劳化"倾向，即第三世界国家纷纷仿效美英建立社会工作制度，开设社会工作专业教育，使用同样的理论和方法训练学生，培育社会工作者的专业身份。然而发展中国家的社会工作者却没有享受到类似于西方社会工作者的专业待遇和身份认同，也难以真正满足本国居民的实际需求。对于这样一种现象，有学者称之为"专业帝国主义"。

众所周知，西方殖民主义兴起于17世纪初期，终结于20世纪中期，它是资本主义国家诉诸军事、经济、政治等手段占领、剥削和奴役弱小国家和落后民族的过程。从某种程度上讲，殖民主义也是一种文化全球化或文化帝国主义的表现。资本主义国家持守"文化中心主义"的优越姿态，制造了一套"文明与野蛮、理性与非理性、进步与落后、科学与迷信"的二元对立话语图式，借此将自身的文化、制度、宗教和语言强加于别的民族和国家。从本质上讲，文化全球化是西方文化统治和主导其他国家的一种过程。西方文化向第三世界的持续渗透并未随着政治和军事的撤出而终止，在殖民主义寿终正寝之时，后殖民主义兴起，文化的扩散惯性依然存在。特别是第二次世界大战之后，美国一跃成为世界第一强国，从整体上看，其因政治民主、经济繁荣、社会自由、文化多元、民众幸福而成为世界各国学习之典范，许多发展中国家或多或少都在构筑和编织各自心目中的"美国梦"。在这种文化优越性与"美国梦"的交织驱使之下，许多发展中国家纷纷借鉴和效仿欧美国家各个领域取得的成功经验。具体到社会工作层面也不例外，第二次世界大战之后，美国社会工作正处于高度专业化时期，全面系统的理念、理论与技巧使其具有了科学的光环效应，成功应对和缓解转型中的社会问题使其具有了享誉全球的轰动效应，预防和化解社会矛盾冲突的功能使其为各国学者和政要所青睐。与此同时，英国 1942 年出台的《贝弗里奇报告》为全世界构建了一幅"从摇篮到坟墓"的宏伟蓝图，其福利制度和社会工作被认为是应对工业化和城市化所引发的社会问题的成功典范。特别是自20 世纪 50 年代以来，美国社会工作及其教育在世界广为流传，来自不同国家的成千上万的社会工作者在美国接受了培训。① 由此，英美社会工作

① Hans Nagpaul, 1993, "Analysis of Social Work Teaching Material in India: the Need for Indigenous Foundations", *International Social Work* 36.

开始逐步走上"神坛"，发展中国家也开始了顶礼膜拜的"仪式"活动。这种拉扯关系背后主要蕴含着两点假设：一是社会工作的价值理念是普适的，适用于全球各国民众之基本人权与需求；二是社会工作应对社会问题的积极有效性是一种公理，是无须论证的，只要引进利用就能有效解决本国社会问题。

基于这两点假设，普适性的社会工作开始全球扩散。苏联解体之后，许多社会主义国家也纷纷引进社会工作制度。梅志里教授认为，社会工作由发达国家向发展中国家传播的前提是社会工作理论和实务可以应用在两种相似的社会情境中，同时他也警告这种传播可能在发展中国家形成一种专业帝国主义。[①]

欧美社会工作在发展中国家找到了市场，为缓解和应对发展中出现的社会问题，发展中国家纷纷效仿美国建立社会工作制度并开展社会工作教育，在一定程度上形成了所谓的社会工作"麦当劳化"现象。社会工作"麦当劳化"理论由美国马里兰大学教授乔治·瑞泽尔提出，其主旨思想是麦当劳的四大原则（效率、可预测性、可计算性、理性的不合理性），正在影响着社会的各个层面。以此理论来检视二战后发展中国家的社会工作发展状况，我们可以发现有较为充分的解释力，因此我们称之为社会工作的"麦当劳化"。具体从效率层面看，欧美国家的社会工作专业化经历了至少百年乃至更长时间的发展历程，社会工作教育也历经了漫长的过程，从最初的培训演进为本、硕、博三个层次的学历教育。

---

① Nimmagadda, Jayashree & Diane R. Martell, 2010, "Home-Made Social Work: The Two-Way Transfer of Social Work Practice Knowledge between India and the USA", in Mel Grary, John Coates & Michael Yellow Bird (eds.), *Indigenous Social Work around the Word: Towards Cultural Relevant Education and Practice*, Ashgate, p. 142.

而发展中国家并未仔细检视西方社会工作的发展历程与存在问题，也未深入论证社会工作与本土政治制度、社会文化的契合性和排异性，就抱着一种"专业万能主义"的态度，用短短几十年甚至更短的时间建立了社会工作制度，开展了社会工作教育，设置了社会工作岗位。在高效率发展社会工作的背后也潜藏着诸多问题，如专业性不足，社会认受性偏低，社会工作专业的学生难以找到相应的岗位等。从可预测性来看，社会工作就像麦当劳的汉堡一样充斥着世界各国的大街小巷，这些汉堡不会因空间的变换而不同，相反呈现出高度的趋同性，因为它们都源于统一的配方、统一的工序、相同的生产流程。在澳大利亚、南非、埃及、印度、孟加拉和中国都可以看到美国社会工作的影子，这些国家使用美国的教材和研究培养自己的学生，按照美国的专业伦理、价值、理论和技巧标准训练社会工作者，参照美国的标准设置社会工作岗位，使用共同的模式和术语为当事人提供服务等。这种高度一致性有利于各国社会工作者在同一话语空间中展开对话、合作和交流，也有益于全球性社会工作力量的生成。然而，我们必须警醒，这种定制的社会工作模式是否与本土需求相匹配？是否真的能有效解决当事人的问题？从可计算性来看，许多发展中国家普遍存在一种"专业理想主义"，对欧美国家开出的"社会工作药方"深信不疑，寄希望于引进社会工作来缓解甚至解决本国社会问题。因此，在短暂的时间里大力发展社会工作教育和职业，大规模培养专业社会工作者，过多地重视了数量指标而忽视了社会工作者的素质和内涵塑造。这种"大跃进"式的发展路径不利于社会工作在本土的接地与生根。从理性的不合理性来看，发展中国家遭遇的社会问题与发达国家两次工业革命时期的社会问题具有某种类似性。从理论上讲，发达国家通过社会工作制度舒缓了这些问题，因此发展中国家同样可以移植社会工作来解决本土社会问题。事实上，这只是一种貌似理性的逻辑，社会问题的表现形式或许相同，但其产生根源却不尽相同，它与各国的政治、经济、文化和社会等因素有着千丝万缕的联系。由此可见，发展中国家"快、多、同"地引进西方社会工作这种看似理性的行为有着许多不合理的因素。综上，欧美普适性价值的扩展和发展中国家"专业理想主义"的愿景相互推拉形成了社会工作的"麦当劳化"景象，或许我们可以将这种景象称为一种专业帝国主义，在这种专业帝国主义的境域中也包含着发展中国家的专业自我殖民化。

从某种程度上讲，专业帝国主义和社会工作麦当劳化是相互拉扯的，这种拉扯制造了某种东西方不对等的关系架构幻象和权利话语。基于此，西方社会工作开始具有了某种优越性和光环效应，它似乎是科学的、专业的、系统的、成熟的和可以推广的；而发展中国家的本土助人工作则是落后的、非专业的、零散的、初萌的和未开化的。二者之间的落差形成了社会工作由发达国家流向发展中国家的趋向，我们用一个理想模型图来呈现这种趋向，图2－6左图代表欧美发达国家的社会工作，事实上它并非尽善尽美，也有其自身的不足与潜在的问题，其中内圈层表示正面效应和积极的一面，外圈层的阴影表示负面效应与存在的问题。

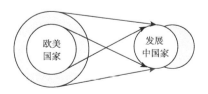

图2－6　社会工作发展流向

如果发展中国家不考虑负面效应而强行照搬欧美社会工作到本土发展，那么在形成正向功能（图 2 – 6 右图的阳面圈层）的同时也会投射出负向效应（图 2 – 6 右图的阴面圈层）。对此，改造欧美社会工作使其本土化、以本土助人方法为基点向外拓展使其土生化是发展中国家社会工作担负的重要使命和任务。

（二）发展中国家社会工作本土化与土生化

概念框架是指导社会工作发展的前提和基础，20 世纪 80 年代以来，本土化和土生化成为指导发展中国家发展社会工作的概念框架。事实上，这两个概念描述的是社会工作走向以本土为中心的两个阶段，前者是低级阶段，后者是高级阶段。在现实社会中，本土化更多的还是以美国社会工作的框架和模式为前提，通过调整、改良与调适使其适应本土社会。美国社会工作是高度种族中心主义的，它的基本元素与发展中国家是不相关和不契合的，这些国家的社会结构和社会问题与美国不同，甚至人们的需求、信仰、神话、价值观、传统、目标、角色也不同。因此以美国模式为中心的本土化导致对本土实践经验知识的应用和对现实需求的关注尚不足够。因为美国社会工作是美国历史文化的产物，其核心和主旨思想由资本主义、社会达尔文主义、新教伦理和个人主义构成。这些思想倾向于强调个人对其自身福利的责任担当，当个体的福利需求在这种"自立"文化模式中不能获得满足时，公共福利才会产生作用。由此，美国社会工作更多是一种基于个人主义原则的概念和理论，这些概念和理论主要源于心理学、精神病学和心理分析等。与此相反，发展中国家面临的问题多为结构性社会问题，这些问题常常以一种群体性方式呈现，因此，需要一种政策性导向的宏观社会工作。如果发展中国家以美国个案导向的社会工作为框架探索其本土化，那么社会工作的实际效用便极为有限。不仅如此，发展中国家社会工作的本土化对其本土知识的应用也较为有限。1993年，《印度社会工作》杂志刊登了一篇关于专业社会工作在亚洲的讨论专题，主编 Drucker 指出，亚洲国家的本土社会工作知识并没有成功地被传播，这些国家少数地区的快速工业化和城市化，使其对西方社会工作的需求愈发迫切。因此，使用本土知识并没有被强调和重视，倾向于发展本土社会工作知识的声音也被淹没了，① 而这些对于多数的农村和落后地区恰是至关重要的。

鉴于发展中国家社会工作本土化的局限，土生化成为本土化基础上的探索性概念。土生化强调发展一种当地社会工作，工作者使用当地文化框架，将当事人的问题放置于周遭社会文化环境中解读，利用当地智慧寻求干预和解决策略。土生化的核心是"土生"，它强调走进当事人的生活世界来审视问题，主要涵盖四个基本因素，即文化真实性、使用本土知识、创造性与连接性。② 文化真实性指社会工作实践源于当事人所在的社区，通过使用一些长期性的工作原则，如"与当事人同在"、"从当事人所在地开始"和"渐进式理解"等，进入当事人的文化背景和意义

---

① Nimmagadda, Jayashree & Diane R. Martell, 2010, "Home-Made Social Work: The Two-Way Transfer of Social Work Practice Knowledge between India and the USA", in Mel Grary, John Coates & Michael Yellow Bird (eds.), *Indigenous Social Work around the Word: Towards Cultural Relevant Education and Practice*, Ashgate, p. 143.

② Nimmagadda, Jayashree & Diane R. Martell, 2010, "Home-Made Social Work: The Two-Way Transfer of Social Work Practice Knowledge between India and the USA", in Mel Grary, John Coates & Michael Yellow Bird (eds.), *Indigenous Social Work around the Word: Towards Cultural Relevant Education and Practice*, Ashgate, p. 146.

世界中，始终保持一种"忠实于当地文化"的敏感性与警觉性，使其实践能真正扎根于本土文化；使用本土知识主要指文化真实性的实践应建立在当地文化知识的基础上，土生化的社会工作应该意识到，即使在当地文化中也会有许多差异，因此要为这些差异留下表达的空间，从本土需求中产生解决问题的方法，避免使用"社会控制"的方式，[①] 使用本土知识需要社会工作者保持一种开放的态度，广泛吸纳当地人的意见，聆听他们的声音，"与他/她们一起工作"而非"为他/她们工作"；创造性主要指土生社会工作应突破欧美社会工作架构的束缚和程序性工作的羁绊，充分发挥主动性、灵活性和创造性，以本土传统和当下的实践经验为基点，发展一种基于真实文化和本地需求的社会工作实践模式；连接性主要指发展中国家的社会工作应摆脱美国"个案中心主义"的工作架构和思维模式，连接整合本地社会政策、社会保障、NGO草根组织、家庭邻里互助等相关的正式与非正式支持制度，构建一种宏观性的社会工作制度，有效覆盖和应对本国社会问题。总之，土生化强调基于当地的实践经验、智慧、需求和源于本土的知识发展社会工作，这为发展中国家开展社会工作提供了一个有用的概念框架。

随着全球化的到来，社会工作已经在世界范围内的大多数国家普遍发展。以欧美为代表的发达国家致力于专业化且偏向微观社会工作发展路径，旨在谋求一种"个体性福祉"。而多数发展中国家则诉诸本土化与土生化探索，客观上需要一种宏观政策指向的社会工作，旨在满足基本

---

① Nimmagadda, Jayashree & Diane R. Martell, 2010, "Home-Made Social Work: The Two-Way Transfer of Social Work Practice Knowledge between India and the USA", in Mel Grary, John Coates & Michael Yellow Bird (eds.), *Indigenous Social Work around the Word: Towards Cultural Relevant Education and Practice*, Ashgate, p. 147.

的"群体性福利"。

按照马斯洛五层次需求理论，个体的需求层次由低到高依次为生理需求、安全需求、社会需求、尊重需求与自我实现需求。如果我们规避发达国家和发展中国家的内部分层与差异，从总体上看，可以形成一种理想状态模型。自我实现和尊重等社会性需求对于发达国家是一种强需求，生理和安全等物质性需求对于发展中国家来说是强需求（见图2-7）。当然，这里并不是说发达国家没有物质性需求、发展中国家没有社会性需求，只是用一种理想模型来呈现两种不同发展程度的国家对于物质和社会需求程度的相对差异。由此可知，这种需求的差异加上文化、制度和现实等诸多方面的不同，致使欧美国家与发展中国家的社会工作在发展路径上存在某种张力与冲突。而近年来兴起的国际社会工作是弥合这种张力的有效路径，因为无论发达国家还是发展中国家都不否认社会工作走向国际性的大趋势。Mohan认为，国际性社会工作应该被定位为一门专业学科，通过国际性社会工作促进跨国知识和经验的交流与对话，促进平等与正义，共同协作致力于人权与社会发展。国际性社会工作可涵盖六个方面的内容：（1）超越国家意识形态定义社会问题；（2）国际

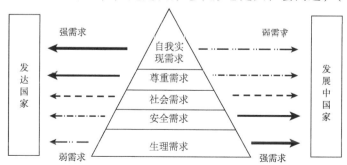

图2-7　发达国家与发展中国家的需求差异理想模型

组织使用社会工作和社会工作者；（3）跨国家和地区的社会工作合作与实践；（4）国家之间观念、资源和服务的合作交流，社会工作知识与方法的转移；（5）发展比较社会政策，致力于影响社会政策；（6）在本地和全球互动过程中形成新的实践模式。其中跨国参与和交流是国际社会工作的前提与核心，主要指社会工作教育、研究与实践方面的交流与协作。这种参与和交流可以有多种类型（见图2-8），参与跨国交流的群体要包括参与性小组、社工学生、社工教师、实践者、管理者、服务使用者与提供者、研究者等，参与形式有个体考察访问、团体考察访问、会议论文、演讲、交流等多种形式。通过跨国交流与协作，形成一种超越国家和地区的包容性国际社会工作网络格局，在这个网络中既涵盖发达国家的专业经验，也包含发展中国家的本土经验，发达国家与发展中国家平等对话形成一种合力，共同致力于创造人类的福祉。

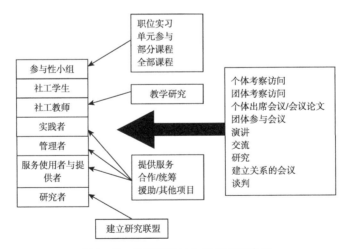

图2-8 参与跨国社会工作交流类型

资料来源：Payne, Malcolm & Gurid Age Askeland, 2008, *Globalization and International Social Work*, Ashgate, p. 123。

第三章 理论视角与技术进路

研究设计在研究过程中扮演着重要的角色，研究设计主要是根据研究问题对整个研究进行通盘规划和设想的过程，主要包括理论视角的选取、研究方法的选择、研究进路和研究技术的确立及其具体的操作方案等。以下将围绕这些问题对我们的研究设计进行阐述。

一 研究的理论视角

中国社会工作发展的过程其实也是一种本土化的过程。我国是一个社会工作后发展国家，本土化探索也是刚刚起步，为了能够更好地检视社会工作发展状况并使其进入良性有序的发展轨道，我们首先应该明确三个问题：为什么引进社会工作？如何引进社会工作？如何看待社会工作的发展？围绕这三个问题，我们分别拟用功能主义、嵌入性和社会建构主义等理论作为研究视角来审视社会工作发展状况。

（一）功能主义与社会工作

学界共知，功能主义与功利主义、建构主义和批判解构主义是社会学理论的重要研究途径，其中功能主义向来强调社会整合、均衡、有序和稳定。功能主义源于社会学创始人孔德，孔德将社会比作生物有机体，其中家庭是社会的细胞，阶级或种族是社会的组织，城市和社区则是社会的器官，这些部分与整体社会系统之间是和谐有序的。在此基础上，斯宾塞提出了功能需求的概念，试图用需求来解释各种社会组织的存在。对应于生物有机体，他认为，社会是由支持、分配和调节三大系统组成的结构。① 这三大系统的协调发展构成了整个社会的稳定有序。涂尔干则进一步认为：（1）社会是一个实体；（2）社会的各个组成部分可以满足实体的基本需求；（3）功能需求是社会需求。② 帕森斯沿着前人的研究提出了宏大的功能系统理论，在其代表作《社会体系》一书中，他指出社会结构是具有不同基本功能的、多层次的系统形成的一种"总体社会系统"，是包含执行"适应"（Adaption）、"目标达成"（Goal Attainment）、"整合"（Integration）和"模式维护"（Latency Pattern Maintenance）四项基本功能的完整体系。这个完整体系被划分为四个子系统，分别对应其四项基本功能，即经济系统执行适应环境的功能，政治系统执行目标达成的功能，社会系统执行整合功能，文化系统执行模式维持功能。③ 这些系统相互作用，不断分化和整合以维系整体系统的均衡有序。卢曼为了降低系统对于环境的复杂性提出了社会系统理论。他不同于帕森斯将行

---

① 周怡：《社会结构：由"形构"到"解构"——结构功能主义、结构主义和后结构主义理论走向》，《社会学研究》2000年第3期。

② 周怡：《社会结构：由"形构"到"解构"——结构功能主义、结构主义和后结构主义理论走向》，《社会学研究》2000年第3期。

③ 周怡：《社会结构：由"形构"到"解构"——结构功能主义、结构主义和后结构主义理论走向》，《社会学研究》2000年第3期。

动看作社会系统的基本要素，而是将沟通作为社会系统的基本要素。他将社会分为三种：片段式社会、分层式社会和分化式社会，并认为现代社会是一个功能分化的社会，即社会在宏观层次上分化成不同的功能次系统，例如政治、经济、科学、法律、宗教、教育、家庭、大众媒体、体育和艺术等。^① 这些功能系统没有优劣之分，地位相当，每一个次系统（功能）都是封闭和自我运行的。它们的存在取决于是否有意义，这些次系统通过持续再生产二元沟通符码来保持自己的身份和独特性，比如，科学系统的符码是真理与谬论，法律系统的符码是公正与不公正，教育系统的符码是好与坏等。^② 每个功能次系统为社会的自我制造和再制造做着自己独特的贡献，履行着其他系统无法履行的独特功能。

根据上述理论来理解专业社会工作的功能与作用，社会工作是为应对工业化和城市化导致的社会分化和失序而逐步形成的，在传统农业社会，个体的福利服务功能主要以各种非制度化的家庭提供为主，以社区邻里互助为辅，个体与家庭及社区之间的互动是良性有序的，因此整个社会是均衡发展的。随着工业化的深入发展，个体呈现出"原子化"，家庭结构重组，社区关系疏离，二者的福利功能趋于弱化和消解，个体出现"福利失依"状态，从而导致社会整体失序。为了整合失序的社会，需要分化出一些专门的福利机构来承担个体社会福利服务功能，由此各种社会福利机构相继出现，社会工作最初只是作为一种补缺型的社会服务而存在。如果我们将社会工作看作一种社会系统（功能系统），这种系

---

① 周志家：《社会系统与社会和谐：卢曼社会系统理论的整合观探析》，邴正主编《改革开放与中国社会学：中国社会学会学术年会获奖论文集》，社会科学文献出版社，2009。

② Wirth, Jan V., 2009, "The Function of Social Work", *Journal of Social Work* 9 (4).

统为了维持自己的存在，逐步地发展出一种"帮助 – 不帮助"的二元沟通符码，[1] 即在多维复杂的社会环境中，通过激发当事人的潜能实现助人自助，超越了宗教的怜悯和福利机构的物质扶助。不仅如此，随着社会工作系统的自我发展和完善，它被赋予了一种"专业、科学、应对社会失序、维护社会稳定的特殊功能"，因此受到发展中国家的青睐。中国正处于社会发展的加速期，各种社会矛盾激发、各种社会问题凸显，其引进社会工作的初衷和期许就是要发挥社会工作维护社会和谐稳定的重要功能。

（二）嵌入性理论与社会工作

嵌入性是近年来新经济社会学研究领域的热门议题，其原本是自然科学领域中的语汇，匈牙利政治经济学家卡尔·波兰尼将其带入社会科学领域。弗雷德·布洛克认为波兰尼或可能得意于采矿业的隐喻而援引此概念，因为波兰尼广泛阅读了英国的采矿史和技术材料，而煤矿开采的主要任务是把深嵌在矿井石壁中的煤矿剥离出来。[2] 在《大转型：我们时代的政治与经济起源》一书中，波兰尼基于"保卫社会"的理念，指出过分市场化、过分关注经济而忽略社会有巨大的风险。他指出，社会关系被嵌入经济体系之中……市场经济只有在市场社会中才能运转。[3] 据此可知，波兰尼使用嵌入性的概念主要是为了说明经济并非像经济理论

---

① Wirth, Jan V., 2009, "The Function of Social Work", *Journal of Social Work* 9 (4).
② 〔匈牙利〕卡尔·波兰尼：《大转型：我们时代的政治与经济起源》，冯钢等译，浙江人民出版社，2007。
③ 王思斌：《中国社会工作的嵌入性发展》，《社会科学战线》2011 年第 2 期。

中说的那样是自足的，而是从属于政治、宗教和社会关系的。① 概言之，波兰尼的嵌入性概念形象地说明了经济制度是不可能独立运作的，是嵌入和缠结于非经济制度（涵盖了政治、文化、社会等诸多层面）之中的，人们欲理解市场经济还必须关注其背后潜在的社会关系。无疑，嵌入性概念的提出为后来新经济社会学的研究拓展了空间和领域，然而，波兰尼的旨趣在于警醒走向"新自由主义悬崖"的人们，呼吁其对新自由主义进行反思和再认识，他并没有沿着此概念继续前行以将其明晰化、系统化和理论化。其后，马克·格兰诺维特在其论文《经济行动与社会结构》中进一步明确提出经济行动必定嵌入于社会结构。他的嵌入性思想的要旨在于将人看作嵌入于具体的、持续运转的社会关系之中的行动者，并假设建立在亲属或朋友关系、信任或其他友好关系之上的社会网络维持着经济关系和经济制度。② 尽管波兰尼与格兰诺维特在研究旨趣和学术取向上有所不同，但嵌入性的隐喻已被学界共知，即两种事物或现象的相互融合过程，许多学者对此隐喻进行了拓展应用，王思斌将此概念进一步明确化并引入中国社会工作本土化研究领域，他认为，嵌入性指的是某一事物进入另一个事物中的过程和状态，主要包括四种要素：嵌入前提是两事物，嵌入过程是两事物双向渗透，嵌入机制是一事物如何进入另一事物，嵌入状态是一事物进入另一事物后结果如何。③ 据此，王思斌认为中国社会工作本土化是西方专业社会工作嵌入中国本土性社会工作的过程，其中嵌入主体是专业社会工作，嵌入的对象是本土性社会服

---

① 王思斌：《中国社会工作的嵌入性发展》，《社会科学战线》2011 年第 2 期。
② 符平：《"嵌入性"：两种取向及其分歧》，《社会学研究》2009 年第 5 期。
③ 王思斌：《中国社会工作的嵌入性发展》，《社会科学战线》2011 年第 2 期。

务或社会工作，嵌入的过程与空间是新中国成立后专业社会工作怎样进入和嵌入哪些具体的社会服务领域，嵌入效应是专业社会工作嵌入社会服务实践所产生的效应。① 以此为进路，如图 3 - 1 所示，专业社会工作是一个系统性的概念，主要涵盖专业价值、伦理操守、理论与技巧、研究与督导、角色和模式等多种因素，这些因素作为一个整体嵌入中国本土社会环境，满足本土需求的过程就是社会工作本土化的实质。从一定程度上讲，本土化的主体和主导是专业社会工作，是基于专业社会工作的科学性和有效性的假设而将其嵌入本土的，本土有一种"被嵌入"感。当然嵌入后可能有三种情形：一种是专业社工与本土实际的亲和，另一种是不亲和，更多是部分亲和。这就需要我们有一种"反嵌入"的视角，以本土实际和本土性社会工作为主导和驱动力，不只是探讨本土化，更重要的是需要探讨土生化。

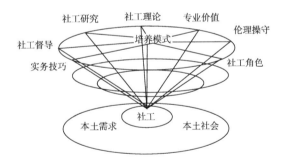

图 3 - 1　社会工作嵌入式发展

---

① 王思斌：《中国社会工作的嵌入性发展》，《社会科学战线》2011 年第 2 期。

（三）社会建构理论与社会工作

社会建构理论是受后现代主义思潮影响而形成的一种理论视角，起初多为心理学领域采用，后来被广泛应用于社会科学各领域。社会建构论并没有系统而稳固的含义，不同的学者有不同的理解和阐释，尽管有多重取向和含义，但总包含一些共性因素：（1）作为特定历史、文化和社会背景之下形成的知识具有偶然性，并不存在最终和一成不变的知识，如同我们的感官经验，需要对其进行对与错的甄别；（2）尤其要关注通过语言进行的社会意义的生产与维持，语言是一种建构性的力量，并非清晰真实反映现实的工具；（3）对一些理所当然的知识保持一种批判姿态，比如一般的二元分类图式（男性与女性、对与错、异性恋与同性恋等），这种二元分类图式形塑了我们对现实世界的理解；（4）知识与行动是相互作用的，不同的社会知识建构产生不同的行动；（5）知识是在社会发展中塑造而成的，很大程度上是通过语言塑造的，我们应该了解这种塑造的方式和过程。[1] 据此可知，社会建构论的核心观点是，社会上形形色色的体制、文化及传统习俗均是被主观建构起来的，[2] 特别是在特定历史背景中通过人与人的社会互动和语言建构起来的，当然这种建构更多被拥有话语权力的人所操纵，因此，社会建构论质疑一切真理和知识，鼓励人们去发掘真理和知识背后的真正意图和指向。

以社会建构论的视角来检视中国社会工作的发展，我们可从四个方

①　Witkin, Stanley L., 2002, *Social Construction and Social Practice*, New York: Columbia University Press, pp. 18 - 19.

②　阮曾媛琪：《从社会工作的两极化看社会工作的本质》，何国良、王思斌主编《华人社会工作本质的初探》，八方文化企业公司，2000。

面进行。第一，如何看待社会工作与和谐社会的关系。毋庸置疑，中国社会工作之所以能够蓬勃发展离不开和谐社会的提出，社会工作被论述为维护社会公平正义、化解社会矛盾冲突、构建和谐社会的一项重要举措。我们要通过进一步分析论述的主体、论述的过程和论述背后的目的与意义来探讨社会工作与和谐社会的关系问题。第二，如何看待中国加速推动社会工作的专业化和职业化。众所周知，在短暂的十几年时间里，中国的社会工作专业化和职业化取得了突飞猛进的发展，近300多所高校开始社会工作专业本科教育，近100多所高校开设社会工作专业硕士（MSW）教育，北京、上海、广州、深圳等地的各类社会工作机构纷纷设立，未来几年内还要规划设置数十万的社工管理和督导岗位、数百万的社工岗位。在取得这些成就的同时，我们一定要警醒：推动社会工作的专业化与职业化的主体是谁？是基于什么理由和如何推动的？社会工作的快速专业化和职业化是谁的需求？谁又是真正的获益者？澄清这些问题对于推动社会工作的发展具有重要意义。第三，如何看待中国社会工作的本土化问题。伴随中国社会工作本土化的是一种二元对立话语图式，一方面，专业社会工作被反复描述为"西方的、科学的、制度化的、专业的、职业化的、有效的等等"；另一方面，本土性的社会服务则有意无意地被视为"不科学的、非专业的、非制度化的、单凭热情和爱心的、落伍的、不合时宜的等等"，这种话语图式在推动专业社会工作发展的同时可能忽视了本土社会工作探索的可能性。第四，如何看待社会工作的实际专业效用。近年来随着社会矛盾和问题的增多，社会工作总是以一种"以不变应万变"的姿态出现，我们从一些报纸、杂志和主流论述中可以看到，社会工作被描述为一种全能的专业，可以应对和介入社会发展中出现的一系列新的问题，在汶川灾后辅导、农民工维权服务、留守妇女儿童介入、艾滋病人关怀照顾、失足妇女社会服务、调节医患矛盾、流浪儿童救助、富士康员工心理疏导、昆明"3·1"恐怖事件遗属心理干预、马航飞机事故家属安抚等工作中都有其积极的作用。然而，其实际的效用却很少有人真正去关注。基于这些问题，我们有必要真正回归服务对象本身，以他们的实际需求为尺度，立足于本土，探索社会工作发展的土生化路径。

二　研究进路与技术路线

（一）研究进路与技术路线

研究进路是研究的机理和脉络，清晰的研究进路是研究顺利进行的保障，本书宏观上涵盖三条进路。一是简要描述分析国际社会工作发展的轨迹及现状，主要涵盖发达国家的专业化进程和发展中国家的本土化探索轨迹，窥视二者存在的张力与融合，进而清晰勾勒出社会工作发展的宏观国际环境和发展语境；二是深入描述中国社会工作的发展轨迹，概述中国社会工作的萌芽、断裂、重建和加速发展等情形，在此基础上，我们将社会工作本土化放置于三个领域，即社会工作教育、社会工作职业和社会工作实务领域，进而从功能主义、嵌入性和社会建构主义理论视角围绕"为什么引进社会工作、如何引进社会工作、如何看待中国社会工作发展现状"进行阐释与反思批判；三是在总结国际经验和反思中国发展经验不足的基础上，将中国社会工作发展放置于全球化、专业化、本土化、土生化等宏观语境中检视，重构其发展路径。其具体进路见图 3-2。

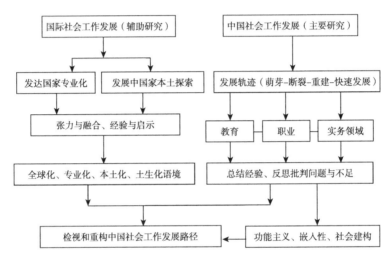

图 3-2 社会工作发展研究进路

　　基于研究进路、研究内容我们制定了具体的技术路线图，如图 3-3 所示，研究问题主要是围绕中国社会工作的本土化问题展开，第一章对研究问题的提出、核心概念和研究的意义进行论述。第一条进路主要概述国际社会工作发展状况，包括发达国家的专业化进程和发展中国家的本土探索路径。这些内容主要在第二章呈现。发达国家中我们选取了最具代表性的英国和美国，其主要理由是：英国是社会工作的发源地，随后其重心移入美国，进而向全世界扩散。因此，一定程度上讲，英美的社会工作代表了专业社会工作的发展历程。对于发展中国家的社会工作本土发展我们主要选取了印度和澳大利亚为分析对象，其主要理由是：澳大利亚虽为发达国家，却是英国最早推行社会工作的殖民地之一，社

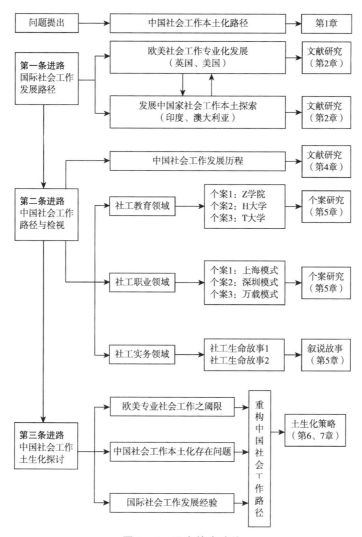

图 3-3　研究技术路线

会工作本土发展较为成熟，同时其社会工作本土探索较为典型；印度是第二次世界大战之后，反对美国霸权主义，倡导"不结盟运动"的主要国家之一，在反对专业帝国主义和追求社会工作本土化和土生化方面具有代表性，这些国家的社会工作发展从不同侧面折射出发展中国家的本土探索情形。对于英美、澳大利亚和印度的社会工作发展状况，我们虽不具备实地考察的条件，却可以获得大量翔实可靠的文献，基于此，我们主要以梳理英文文献为主，总结提炼欧美和发展中国家的社会工作发展状况。第二条进路主要探讨中国社会工作的发展状况及其本土化存在的问题。其中对社会工作发展简要历程的阐述主要使用文献研究，而对现状和主要存在的问题的分析则使用个案研究和叙事研究，基于这两种研究方法和所要研究的内容，我们大致分为四个步骤。第一步，将社会工作具体分列到三个领域：社会工作教育、社会工作职业和社会工作实务领域。第二步，有关社会工作教育主要按社会工作专业发展程度高、中、低的原则分别选取 3 所高校（Z 学院、H 大学和 T 大学）为典型研究个案，通过实地调研收集资料，详细描述这些学校的教育状况，从而拓展出社会工作在教育领域取得的经验和存在的问题。第三步，有关社会工作职业化主要将目前较为成熟的上海模式、深圳模式和江西万载模式设为典型个案，并选取社工机构中的若干社会工作者，聆听其讲述自身内在的生命意义与外在的职业生涯故事，在此基础上拓展出中国社会工作职业化取得的经验和存在的问题。第四步，有关社会工作实务领域主要选取农村社会工作、农民工社会工作两个方面，使用文献研究、个案研究，进而分析西方社会工作实务模式与我国本土的契合性问题。在回顾和检视中国社会工作发展的基础上，提出社会工作本土化存在的问题。第三条进路主要采取扎根理论，在总结归纳中国社会工作发展经验和问题的基础上，将其放置于国际社会工作发展的大背景之中进而检视和重构中国社会工作发展路径。

第四章　中国社会工作的产生与发展历程

　　毋庸赘述，社会工作是一个源起于西方社会文化语境中的概念，也是伴随资本主义工业革命和城市化而萌生的专业与职业，其主要职能在于应对、缓解社会变迁和社会转型中的社会问题。纵览西方专业发展路径，社会工作属于资本主义社会改良的产物，欧美一度将其视为社会矛盾冲突的"缓冲带"与"润滑剂"，将社会工作者视为病态社会的"诊断医生"。怀顿（Wilding）的社会权力观点深刻分析了这种改良主义的本质功能：（1）代替政府展示对百姓的关怀，对个人问题的关心；（2）专业语言帮助政府取得群众的认可，换句话说，是替政府修饰甚至掩盖背后的政治目的；（3）让受过训练的中产阶级获得职业，并透过社会工作保障既有利益分配及其制度运作。① 由此来看，社会工作改良主义的特质与马克思主义的革命立场是截然相反的，这种对立强化了社会工作的意识形态情愫，它一度被马克思主义者视为"资本主义奴役和宰制人民的帮凶"，20 世纪 50 ~ 80 年代一直被排斥在社会主义阵营国家之外。也正是社会工作缓解社会问题的功能与意识形态特征的交织使其在中国的发

---

　　① 何国良：《社会工作的本质：论述分析的启示》，何国良、王思斌主编《华人社会：社会工作本质的初探》，八方文化企业公司，2000，第 154 ~ 155 页。

展曲折前行。20 世纪 20～30 年代，受欧美之影响，国民政府设立了相应的社会救助与服务机构，社会改良人士和宗教慈善人士也进行了短暂的社会工作教育与实践探索。20 世纪中期，新中国成立之后，受极"左"思潮影响，社会工作被视为"麻醉人民的工具"，其探索之路一度中断和废止，国家诉诸民政工作和行政性工作提供个体福利。20 世纪 80 年代，随着体制改革和社会问题的增多，教育界开始重建社会工作专业。进入 21 世纪以来，社会工作在中国取得了加速发展，我们并不否认其存在某种程度的"专业自我殖民化"倾向，其本土化探索也已经全面展开。社会工作在当下中国语境中囊括多重含义，如专业社会工作、本土性社会工作、民政工作、志愿服务工作等。从总体上看，中国社会工作的发展依然是西方专业社会工作与本土境遇不断互动融合的过程，其发展经历了一个"由隐性到显性、由边缘到中心、由民间到政府、由教育到职业、由零散性到制度性、由自我殖民化到本土化探索"的过程。

一 传统社会工作非专业化阶段

中国是一个具有悠久历史文化的农业大国，比邻而居、守望相助、血浓于水是传统农耕社会的真实写照。家族作为社会的基本单位在庇护和满足个体福利方面发挥了主体性的功能，民众在日常生活逻辑中并没有奢望国家对其承担社会责任，亦没有依赖制度性社会福利的习惯。唯有遇到大规模的水灾、旱灾、饥荒和战乱时，国家和民间组织才会以各种"恩惠"和"恩赐"的形式实施断续性的救助，这也是中国社会福利事业不发达和缺乏专业性的重要原因。尽管如此，中国的济贫思想和济贫实践却也是源远流长的，统治者历来将"济世爱民"视为一种顺应天意的德政和仁政。传统儒家知识分子也倡导"胸怀天下、周济苍生"的思想境界和行为操守。普通民众将"行善积德"自觉内化到日常生活行动中。

　　学界共知，中国最早的济贫思想可追溯到西周和春秋战国时期，当时的《周礼》、《礼记》、《管子》、《孟子》和《墨子》等代表性典籍中阐述了济贫思想。《周礼·地官·司徒》中说："以保息六养万民，一曰慈幼，二曰养老，三曰振穷，四曰恤贫，五曰宽疾，六曰安富。"《礼记·礼运》中写道："大道之行也，天下为公。选贤与能，讲信修睦。故人不独亲其亲，不独子其子。使老有所终，壮有所用，幼有所长，鳏、寡、孤、独、废疾者皆有所养。"《管子·入国》中有"九惠之教：一曰老老，二曰慈幼，三曰恤孤，四曰养疾，五曰合独，六曰问病，七曰通穷，八曰赈困，九曰接绝"。《孟子·梁惠王上》中说："老吾老以及人之老，幼吾幼以及人之幼。"《墨子·兼爱》中倡导："有力者疾以助人，有财者勉以分人，有道者劝以教人……则饥者得食，寒者得衣，乱者得治，此安生生。"由此不难理解，周公旦、管子、孔子、孟子和墨子等思想家倡导的是一种"仁政"、"大同"和"民本"思想，[①] 这些思想虽然难以摆脱"驭民之术"的社会控制痕迹，但它们在一定程度上奠定了中国社会救助事业的基本价值理念，也为社会救济实践构建了一种基础性框架。不仅如此，这些思想不断被传承和发展并结合了佛教、道教等民间宗教的理念和救助行动，不断形塑和构筑着中国的社会救助事业。

---

　　① 彭秀良：《守望与开新：近代中国的社会工作》，河北教育出版社，2010，第43页。

中国传统上以农业立国，注重"以德治国"，科技和医疗卫生事业相对滞后，规避自然风险和应对疾病的能力较为薄弱，再加上战乱冲突和制度性风险，使个体难以完全依靠自身和家族力量来应对风险。因此，经常需要国家和民间实施一些临时性的救济工作，这些救济工作形成了社会福利事业的雏形。概括而言，主要包括以下几点。（1）仓储制救济。仓储救济主要有常平仓、义仓和社仓三种形式。常平仓是以国家为主导的一种社会救助制度，政府在各地设立粮仓，丰年以高于市场价购粮入仓，灾年再以低价出售，常保粮价平稳，防止粮贱伤农和粮贵伤民。义仓是一种官督绅办的社会救济形式，民间也称之为"一勺米"计划，一般秋收季节根据贫富差别向民间劝捐和募捐粮食，储备至固定仓库，待灾年再向民间赈济。社仓是一种由民间自行主办和管理的社会救助方式，粮食也是来源于民间募集，一般以薄利借贷形式周转，秋收春放，灾年放粮赈济。（2）施赈。施赈救济是中国古代使用最多的救济方式，一般包括赈粮、赈银、减免赋税、免征、施粥、施药、施衣、施棺等。（3）居养制救助。居养救助是相对于院外救济而言的，是官方、民间宗教机构和宗祠等筹办的一种院内救助方式，其代表性救助机构有悲田院、养病坊、居养院、福田院、义庄、留婴堂、仁慈堂等。这些机构专门收容老、弱、病、残、鳏、寡、孤、独和流浪者等弱势群体，并对其实施救助。（4）疏遣。疏遣是自古以来常用的救济办法，[①] 一般是对难民或灾民进行跨地域式的疏导和遣送。（5）表彰性福利。表彰性福利主要指国家针对一些特殊群体给予特殊福利，以便起到塑造典范、激励社会的作

---

① 李增禄：《社会工作概论》，巨流图书公司，1995，第33页。

用，如针对高寿人群、军功烈属、贞洁烈女等的福利。这五种社会救助实践基本奠定了中国古代社会福利事业的基本框架。然而，我们也必须认识到这些救助实践存在的问题。其一，非连续性与非制度化。中国古代的社会救助基本上是因应自然灾害和战乱而实施的临时性救助，除了常平仓具有一定的制度化色彩之外，其余均为非制度性的救助措施，且这些措施具有非连续性和不稳定性。其二，施舍性与低水平性。中国传统社会救助常以一种"恩惠"的形式出现，施予者与受施者之间是一种"施舍与被施舍"、"恩赐与感恩"的关系，受施者缺乏基本的尊严，且只可能获得最低端的温饱满足。其三，政治性而非福利性。中国古代的社会救助在一定程度上是一种"驭民之术"，其主要目的不在于提升个体的福祉，而在于防止流民、贫民和灾民发生"民变"，影响政权的稳固性，其政治性远高于福利性。其四，非人性化与非专业性。中国古代的社会救助机构（尤其是院舍救济）设施简单，工作手法粗暴单一，缺乏科学性和专业性。被救助者一般需要通过做苦役和苦工来获得最低质量的生活所需，他们还经常遭受非人性化的待遇。民国时期一首家喻户晓的民谣"狠心的爹呀，要命的娘，把我送进仁慈堂，馊稀饭剩菜汤，不能吃的也盛上，一天到晚做苦工，不如一只小牛羊"，就是对院舍救济情况的真实写照。

综上可知，中国古代虽然已经基本形成了较为系统的社会救助思想和实践，但其本质上仍是一种社会控制的理念与手段，并非真正意义上的社会福利服务。不仅如此，这些救助思想和实践缺乏人本主义的价值基础，亦没有形成系统的理论，更缺少科学和专业的工作手法，与我们今天倡导的专业社会工作还具有很大的差异。如果硬要与社会工作产生联系，充其量也只是一种非专业化的社会工作。

二 民国社会工作专业化初步探索阶段

民国时期是一个内外交困和社会问题频发的特殊时期。政府、社会组织与有识之士都致力于借助西方社会工作或者发展本土社会工作，来应对和缓解各种弱势群体问题。这些探索和尝试有的是宏观层面的，有的是微观层面的，有的较为成功有效，有的收效甚微，最终都因日本侵华战争的影响而中断或废止。但这种探索在当时的社会背景中具有前瞻性和重要性，它在中国社会工作发展史上具有里程碑式的意义，对于今天社会工作的发展仍具有指导和参考价值。

（一）民国时期社会工作的产生背景

社会学是社会变迁和社会转型的产物，社会工作亦如此，不断在转型中诞生和发展。按照古典社会学理论家的观点，社会转型主要指"有机社会向机械社会、礼俗社会向法理社会、共同体向社会、传统向现代"的过渡与变迁，这里涵盖了社会形态、社会结构、社会身份、价值观念和生活方式等诸多方面的变化，这些变化衍生和连带的社会问题是社会工作产生的重要前提。纵观近代中国社会的发展脉络，民国时期无疑是一个由传统向现代的重要转型期。政治体制上，由封建体制向资本主义体制转型，辛亥革命推翻了几千年的封建专制制度，创建了民主共和政体，民主、自由、人权和博爱思想逐步深入人心。经济形态上，由自然经济向商品经济转型，传统自给自足的自然经济受到前所未有的冲击，

"男耕女织"的农业生产方式趋于瓦解，近代民族工业兴起，资本主义经济在城乡均得到了不同程度的发展，大量人口涌入城市。社会结构上，"国家－民间精英－民众"超稳定的社会结构发生分化，民间精英开始分裂和解体，一部分转变为近代工商业者，一部分转变为近代知识分子，一部分转变为新式军人，还有一部分仍然留在农村，多数成为土豪劣绅。① 民众逐步分化为两个阶层，一个是生活条件一直很差，被排除在大多数体面生活之外的私家奴仆和贱民阶层；另一个则由流浪汉、乞丐、土匪、走私者和其他活动于有组织社会结构之外的人组成。② 思想文化上，社会主体意识形态由传统儒家文化向三民主义（民族、民权、民生）转型，资本主义的民主、科学、自由思潮，马克思主义的革命和解放全人类思潮在中国不断传播。在这样一个大转型和大变革的过程中，民国社会还面临着各种"天灾人祸"和"内忧外患"，所谓天灾主要是自然灾害，例如长江水灾、黄河水灾、西北连年大旱、南方江浙旱灾。③ 所谓人祸主要指各种兵祸和匪患。民国时期，各种战争和匪乱频繁且密集发生。据王寅生统计，1912～1930 年发生战争的省份数目如图 4－1 所示，1912 年 1 个、1913 年 6 个、1916 年 9 个、1923 年 10 个、1927 年 16 个、1928 年 14 个、1930 年 10 个。

内忧外患主要指内部冲突不断、社会失序，外部列强觊觎，特别是日本侵占东三省等。这些社会转型和天灾人祸相互交织引发了各种社会

① 孙立平：《转型与断裂：改革以来中国社会结构的变迁》，清华大学出版社，2004，第 29 页。
② 费正清、费维恺：《剑桥中华民国史》（1912—1949）（下卷），中国社会科学出版社，2007，第 31 页。
③ 梁漱溟：《乡村建设理论》，上海人民出版社，2011，第 10 页。

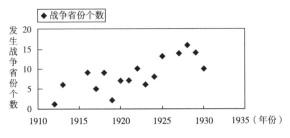

图 4 - 1　1912～1930 年历年发生战争省份数目

问题出现，大量的农业人口抛荒涌入城市。据相关资料记载，1914 年，全国荒地面积高达 3.58 亿亩，到 1918 年增加到 8.59 亿亩；1922 年，全国荒地面积约为 8.96 亿亩，占全国耕地和园圃面积的半数以上。[①] 1933 年调查显示，全国离村农民户数高达 1920746 户，占总农户的 4.8%；有青年男女离村的农家达 3525349 户，占总农户的 8.9%（见表 4 -1）。1935 年对 1001 个县的调查显示，农民流离逃亡者至少有 2000 万人以上，以致造成"户鲜盖藏、途有饿殍，年富力强者，多铤而走险，致盗匪起于郊野，哀鸿遍于村原，耕者离其阡陌，织者离其机杼，扶老携幼，逃亡四方"。[②] 在这样一种大的背景之下，社会问题层出不穷，各种弱势群体不断涌现，流民、难民、灾民、孤儿、残疾人、病患、罪犯、妓女等组成的底层社会日趋形成。面对这些问题单靠传统的家庭和社区为中心的救助网络显然已经难以为继，客观上需要一种制度化和系统化的济贫方法和助人工作，这种客观需求为社会工作的出现提供了契机和空间。

---

① 董汝舟：《中国农村经济的破产》，《东方杂志》1932 年第 7 期。
② 池子华：《中国近代流民》，社会科学文献出版社，2007，第 16 页。

表 4 - 1　1933 年全国农村离村情况统计

地区	全家离村之农家		有青年男女离村之农家	
	家数（户）	占报告各县 总农户之百分比（%）	家数（户）	占报告各县 总农户之百分比（%）
总计	1920746	4.8	3525349	8.9
察哈尔	18924	8.2	17038	7.4
绥远	18198	9.8	20802	11.2
宁夏	999	2.7	829	2.3
青海	2983	6.4	4027	8.6
甘肃	41875	10.5	41181	10.3
陕西	61825	7.2	65761	7.6
山西	20852	1.4	50927	3.5
河北	117559	3.0	331264	8.5
山东	196317	3.8	410385	7.9
江苏	189118	4.3	489327	11.2
安徽	144649	7.0	219424	10.6
河南	172801	3.9	267059	6.1
湖北	220977	10.2	264254	12.2
四川	154837	6.0	295890	11.4
云南	17251	3.2	40770	7.6
贵州	52141	12.2	71126	16.6
湖南	147311	8.0	252521	10.8
江西	95853	6.7	141848	10.0
浙江	73444	2.7	150886	5.5
福建	77267	7.5	80215	7.8
广东	83830	3.4	261252	10.5
广西	11535	1.4	48563	5.8

　　资料来源：国民政府中央农业实验所：《各省农民离村调查》，《农情报告》（1936）第 4 卷第 7 期，第 173 页。

（二）民国时期社会工作初步探索

民国成立之后，在欧美社会工作影响和本国现实需求的双向拉动作用下，政府、民间机构与爱国人士开始重视社会福利服务工作，逐步开启了社会工作的现代化与专业化探索之路。

首先，国民政府加强了社会立法并设置了专门的社会工作管理和服务机构。国民政府自成立伊始，先后颁布了一系列法律和法规，如《各地方救济院规则》、《救灾准备金法》、《社会救济法》、《义仓管理规则》、《强制劳工保险法草案》、《勘报灾歉条例》等。不仅如此，国民政府还通过法令要求各省区、省会、特别市政府及县、市政府所在地设立救济院，救济院应分设老人院、孤儿所、残废所、育婴所、施医所和贷款所。① 这些法案和法规使中国传统的救济、救灾、抚恤等社会保障形式逐步走向了法制化。1938 年，国民政府设立了社会部和赈济委员会，社会部主要负责社会福利、社会工作及其救济事业，赈济委员会主要负责临时性灾难赈济工作。中央设置了社会部，各省府设置社会处，县市设置社会科。社会部的组织机构状况如图 4-2 所示，社会部下属机构包含了社会福利司、社会工作训练委员会和社会行政计划委员会等社会工作管理和培训机构。

根据言心哲的观点，社会部的职能包括三个方面，即组织训练、社会福利与合作事业。② 其中，组织训练主要指对社会团体的组织、指导、协调、监督以及处理劳资纠纷等；社会福利主要是指导实施社会

---

① 言心哲：《现代社会事业》，河北教育出版社，2012，第 162 页。
② 言心哲：《现代社会事业》，河北教育出版社，2012，第 167 页。

保险、改善劳动者福利、倡导社会服务、开展社会调查、职业介绍、弱势群体的收容等；合作事业主要指对各种合作社会福利事业的指导和监督。除此之外，为了应对日本侵略造成的各种灾难，国民政府还组织成立了赈济委员会，其经费主要来源于政府划拨和社会捐赠。赈济委员会下设三个处，第一处掌管总务等事项，第二处掌管灾民难民之救护、运送、收容、给养等事项，第三处掌管儿童教养、难民生产、小额贷款等事项。这些法令和机构为社会工作的产生提供了制度环境。

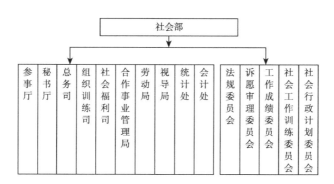

图 4 - 2　社会部机构设置

其次，面对大量的社会弱势群体，各类民间服务组织相继成立并投身于社会救济与服务工作。由图 4 - 2 可知，国民政府为社会组织的孕育提供了较为宽松的社会环境，特别是社会部下设组织训练司，专门负责和指导社会组织的建立、发展和活动等事项。当时比较具有影响力的社会服务组织有中国红十字会、中华慈幼协会、中国大陆灾胞救济总会和战时儿童保育会等。此外，具有社会工作性质的社会组织还有中外爱国人士合办的专门收容和保护灾民难民的华洋义赈救灾总会；针对儿童服务的熊希龄香山慈幼院，专门收容孤残和流浪儿童，并实行学校、社会和家庭合一的教育体制；针对妓女服务的上海济良所和全国妇孺救济会，[①] 前者专门收容和保护不愿卖淫而出逃的妓女，后者主要针对被拐卖的妇女实施救济和提供援助。此外，各种宗教团体也开展了大量的社会救助工作。这些社会服务组织与传统的社会救助相比具有很大的进步性，它们开始尝试使用较为科学和专业的手法提供服务。

再次，民国时期已经开始重视社会工作人才的训练和教育。随着社会部的成立以及现实救助和服务工作的需要，许多高校设置了相关社会工作院系，并借鉴欧美经验结合本土实际开设了社会工作专业课程和实习训练，形成了完备的社会工作课程体系。金陵大学和燕京大学率先开了中国社会工作教育的先河，此后，沪江大学、复旦大学、金陵女子学院等高校相继开设了社会工作专业课程。言心哲根据当时国内高校开设社会工作专业课程状况和欧美课程设置，提出了中国社会工作的课程教育体系，这些课程体系基本囊括了社会工作应有的所有课程（见表4-2）。受到当时的师资、教材、实验室和实习基地等客观条件不足的限制，其实际教学开展效果并不尽如人意，但这些前瞻性的探索对于今天发展社会工作教育仍具有重要的指导意义。

---

① 李文海：《民国时期社会调查丛编：底边社会卷》（下），福建教育出版社，2005，第452页。

表4-2 民国时期社会工作系课程设置情况

必修课程					
课程名称	学期	学分	先修课程	年级	备注
社会学	2	6		一	
社会问题	2	6	社会学	二	或称社会病理学
社会工作概论	1~2	3~6	社会学	二	包括社会工作史
儿童福利或妇女工作	1	3	社会学	二	或称妇女与儿童
社会调查与研究	2	6	社会学及社会问题	三	上学期讲演、下学期调查
社会心理学	1	21	社会学与心理学	三	心理学或可免修
社会统计	1~2	3~6	统计学	三	
社会个案工作	1~2	3~6	社会学及社会问题	三、四	外加实习
社会团体工作	1	3	社会学及社会问题	三、四	外加实习
社会行政	1	3	社会工作概论	四	或称社工行政或社会机关行政
社会立法或社会政策	1	3	社会学、社会问题、社会工作概论	四	
机大参观及实习	1~2	2~4		二、三、四	
专题研究或毕业论文	2	4			
共计		45~56			

注:①共同必修科目如英文、国文、伦理学、哲学概论、中国通史、西洋通史、三民主义及其他社会科学或自然科学,可按照各学院学系自行规定。
②个案或社会工作为社会工作的重要课程,但因我国教材缺乏,可暂与社会团体工作合并成一门课程。

续表

			选修课程		
课程名称	学期	学分	先修课程	年级	备注
社会保险	1~2	3~6	劳工问题	二、三	
公共卫生	1	3		二、三	
劳工问题或劳工福利	1	3	社会学及社会问题	二、三	
社会政策	1	3	同上	二、三	
社会立法	1	3	法学通论	三、四	
家庭福利事业或家庭个案工作	1	3	家庭问题	三、四	
儿童福利	1~2	3~6	社会学及社会问题	三、四	
妇女工作	1	3	同上	三、四	
社会教育	1	3	教育通论	二、三、四	
社区组织	1	3	社会学及社会问题	二、三、四	或称社区社务工作
心理卫生	1	3	心理学及公共卫生	二、三、四	
贫穷与救济	1	3	社会学及社会问题	二、三、四	或称社会救济
犯罪问题	1	3	同上	二、三、四	
监狱改良工作	1	3	同上	二、三、四	
合作事业	1~2	3~6		二、三、四	
社会运动	1	3		二、三、四	
精神病人服务工作	1	3	心理卫生	二、三、四	
医院社会工作	1	3	公共卫生	二、三、四	
娱乐问题	1	3	社会学及社会问题	三、四	
行政学	1	3		三、四	
农村社会工作	1	3	农村社会学	三、四	
公文写作	1	2		三、四	

资料来源：言心哲：《现代社会事业》，河北教育出版社，2012，第 231～233 页。

最后，民国时期已经开始走上了医务社会工作和社区社会工作的探索之路。在欧美宗教慈善组织和个人的支持和影响下，国内许多医院设立了社会服务部，配备了医务社会工作者，如上海中山医院、上海红十字会第一医院、南京鼓楼医院、重庆宽仁医院和北平协和医院（见表4-3）。[1] 这些医务社会工作主要受欧美推动或借鉴其模式，因为开设医务社会工作的医院除上海中山医院之外全部是由外籍人士创办。其中卓有成效的是北平协和医院，协和医院的社会工作人员为病患建立"社会历史记录表"并备案，注重从人类行为与社会环境的视角来审视病患问题，开始初步使用生态系统理论和个案工作方法的价值、理论和技巧等为患者在入院前、住院中和出院后提供服务。

表4-3 民国时期设置社会服务部的医院概况

医院名称	创办时间	创办人	资助方	社会工作部门
上海中山医院	1937年	中国人	国民政府	社会服务部
上海红十字会第一医院	1907年	美国人	国际红十字会	社会服务部
南京鼓楼医院	1892年	加拿大人	加拿大基督教会	社会服务部
重庆宽仁医院	1892年	美国人	美国基督教会	社会服务部
北平协和医院	1917年	美国人	洛克菲勒基金	社会服务部

这可以说是中国医务社会工作实践的雏形，也为社会工作走向专业化提供了实践环境。至于社区社会工作探索则可以分为两种路径，一种是社区工作的本土化，以晏阳初河北定县平民教育实验为代表；另一种是本土性社区工作探索，以梁漱溟的山东邹平乡村建设运动为代表。晏

---

[1] 言心哲：《现代社会事业》，商务印书馆，1946，第3页。

阳初是一位受过美国教育的基督教徒，他深受英美睦邻组织运动之影响，一是注重社区调查，二是强调与社区居民生活在一起，以实际行动激发居民的潜能。20 世纪 20～30 年代，晏阳初带着一批"海归"举家迁入河北定县与平民生活在一起，开始了定县实验。他邀请李景汉主持定县社会调查，通过调查诊断出中国社会存在四大弊病，即愚昧、贫穷、体弱及缺乏公共精神，其中愚昧是其余三种弊病的根源。对此，晏阳初开出了四种药方，即文艺教育、生计教育、卫生教育和公民教育，这些教育以当事人为主体，注重激发其潜能和公民意识的觉醒，同时也注重培育社区领袖、推广农业科学技术和改善公共卫生状况。晏阳初的定县实验具有浓厚的社区发展色彩和社会工作精神，前者如罗纳德·里根总统所说："晏阳初创立了自我拯救的思想，为服务于发展中国家的孤落山村和广大乡村的农业、公共卫生、教育事业开创了新道。"① 后者如乔治·布什总统所说："晏阳初重申了人的尊严与价值……通过给予贫民更多的自由和机会来帮助他们摆脱贫穷……他使无数的人认识到任何一个儿童绝不是只有一张会吃饭的嘴，而是具有无限潜力的、有两只劳动的手的、有价值的人。"② 梁漱溟是一位土生土长的儒家知识分子，不同于晏阳初，他将中国问题诊断为东西方文化冲突造成的文化失调问题，表现出来就是社会构造的崩溃，如其所述："世界问题（帝国主义）虽是有的，但中国内部问题大过外界问题；个人的不健全也是有的（愚、贫、弱、私），但社会的不健全大过个人的不健全。"③ 对此，他开出的药方是："中国社

① 晏鸿国：《晏阳初传略》，天地出版社，2005，第 343 页。
② 晏鸿国：《晏阳初传略》，天地出版社，2005，第 345 页。
③ 梁漱溟：《乡村建设理论》，上海人民出版社，2011，第 22 页。

会病在散漫，救之之道，贵在团结组织。"① 有鉴于此，梁漱溟开始了重建社会秩序的乡村建设运动，主要通过挖掘和改造中国传统文化，重建农村社区组织，利用固有民族精神，并纳入科学技术整合基层社会。概言之，梁漱溟是一位探索本土社区工作的天才人物，也是乡村建设派最明显的乡土主义者和社会激进分子，他的激进主义是自觉反西方的，并以儒家前提为基础。② 他主张中国自己开拓通向现代化的道路，利用中国文明所固有的集体主义和无私精神。这些思想对于中国社会工作本土化探索具有重要的指导意义。

综上，民国社会既是一个传统与现代并存的社会，也是一个中西方文化交融碰撞的社会，又是一个沉沦与希望共生的社会。面对大量的社会弱势群体问题，政府、民间组织和有识之士开始致力于济贫和社会服务工作的探索。这些济贫和社会服务工作既有欧美影响型的，也有本土探索型的，更多的是本土传统与欧美经验结合型的。然而，由于民国社会处于一种"内忧外患"的特殊历史情境，其社会工作的探索也犹如昙花一现。尽管如此，这种短暂性的探索在一定程度上也开拓了中国社会工作的发展之路，各种社会立法和社会部的建立、中国红十字会等社会组织的实践、燕京大学等高校的社会工作教育探索、言心哲的社会工作课程体系构建、北平协和医院医务社会工作的专业化探索、晏阳初社区工作本土化的尝试和梁漱溟本土社区工作的开发等，对于中国社会工作的发展起到了基础性和开创性的作用。

---

① 梁漱溟：《乡村建设理论》，上海人民出版社，2011，第 63 页。

② 费正清、费维恺：《剑桥中华民国史》（1912—1949）（下卷），中国社会科学出版社，2007，第 354 页。

三　改革开放前社会工作断裂阶段

改革开放前的中国是一个充满"资－社"二元对立话语的社会，这种对立话语图式扎根于国家政治和民众的日常生活世界中，不断形塑着二者的立场与行为。在这样一种社会情境中，社会工作自觉不自觉地被放置到意识形态中考量，因其本质上属资本主义社会改良的产物，与社会主义倡导的革命具有相悖性，所以在新生国家的制度安排和主流话语中一度被排斥在外。当然，这里所指的社会工作主要是按照国际社会工作联盟和国际社会通行定义所指的社会工作，是一种专业化的社会工作。按照这样的逻辑标准来检视，改革开放前中国确实不存在社会工作，是一段社会工作的断裂时期。然而，我们也不难发现，从新中国成立到改革开放的30年时间里，中国社会并不缺乏实际的助人工作和社会服务，王思斌将这些实际的服务工作称为半行政性、半专业化的社会工作。① 这些半行政性和半专业化的社会工作与专业社会工作在衍生背景、制度设计、价值理念、工作模式、方法技巧和专业化程度方面存在较大的差异，二者并非同一语境中的概念。因此，本书认为改革开放前是社会工作的断裂期，与此同时我们也将对半行政性、半专业化的社会工作做一简要梳理和介绍。

1949年新中国成立之后，面对大量的社会弱势群体问题，如失业者、难民、灾民、妓女、烟民、乞丐、残疾人等，国家设立专门的机构

---

① 王思斌：《中国社会的求－助关系——制度与文化的视角》，《社会学研究》2001年第4期。

进行管理和救助。中央设立内务部，各省市设立民政厅，县设民政局，其主要职能是负责地方政权建设、行政区划、救灾救济、优抚安置、土地管理、户籍国籍管理、民工动员、婚姻登记管理、社团登记管理、移民安置、妓女改造、游民改造、禁烟禁毒、老区建设等。① 从内务部的职能中可以看出，内务部工作与社会工作在三方面具有关联性，一是社区建设方面，如地方政权建设、行政区划和老区建设；二是社会行政方面，如救灾救济；三是弱势群体救助方面，如优抚安置、游民改造、妓女改造和禁烟禁毒等。然而，内务部这三方面的职能与专业社会工作具有很大的不同，其一，内务部的社区建设主要是一种配合政府推行政治目标、整合基层社会、控制民众的手段，而非真正意义上的社区工作；其二，内务部的社会行政职能主要用于临时性的救灾和救济工作，而且缺乏系统的计划、组织、实施、协调和评估等科学环节，其救济水平还停留在最基本的物质层面，而且国家承担有限的责任，更多的还是依靠群众生产自救，因此，也出现了饿死人的现象，这很难说是一种真正的社会行政工作；其三，内务部的社会救助工作除了优抚安置具有一定福利色彩之外，其余对于游民、妓女、吸毒者、乞丐等的救助事实上是一种非人性化的改造过程，工作手段简单粗暴，其主要目标是完成将其改造成为"社会主义新人"的政治任务，这与社会工作倡导的"案主中心"、"尊重接纳"、"生命影响生命"具有很大的不同。综上可知，新中国成立初期内务部的工作并非真正意义上的社会工作。

---

① 《民政的来源》，http://www.hgmz.gov.cn/item_ zwgk/jgsz/2009-10-14/672.html。

1968 年，受"文化大革命"极"左"思潮的影响，内务部被撤销，其主要职能由财政部、公安部和国家计划委员会等分担履行。从此中国开始了没有民政机构的十年，然而，国家对于个体的各种社会服务和相关福利工作依然存在。因为从某种程度上讲，改革开放前的中国属于一种管制型国家和总体性社会，国家与社会具有高度重叠性。一方面，国家几乎垄断了个体生存和发展所需要的全部资源，个体对于国家高度依附，其私人生活逐步地被纳入国家和集体政治生活领域；另一方面，国家通过各种大大小小功能齐全的单位（集体）实现对于个体的控制、管理和福利供给。这方面农村和城市又有所不同，农村人口主要通过人民公社及其附属的生产大队满足最基本的生产和生活需求。而城市人口则主要依靠单位（街道委员会辅助）满足其工作、住房、医疗、养老等诸多方面的福利。当然，不论是农村还是城市，个体福利获得的多寡除了与其劳动或工作业绩相联系之外，更多地与国家期望的政治表现和立场相关，而对于个体政治表现等方面的教育与考核主要由党组织及其领导下的群团组织（工会、妇联和青年团等）来进行。这样各级党组织及其领导下的群团组织系统被不断地植入各个单位（集体）或行政系统，从而形成一种党组织系统、行政系统和群团组织系统三方对个体进行控制管理和服务的格局。其中，行政系统主要负责个体工作（劳动）层面的事务和基本物质满足，而政治生活、日常琐碎、思想动态与精神层面的需求主要由党组织及其领导下的群团组织进行，其工作模式如图 4-3。

由此看来，党组织与群团组织承担了大量的社会服务工作。然而，这与专业的社会工作又有所不同，专业社会工作具有较强的服务性，以助人自助为核心理念，工作者与当事人是一种平等关系，工作者运用专

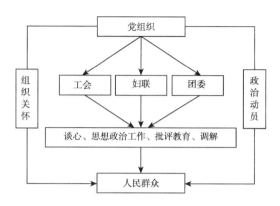

图4-3 群团组织社会服务模式

业的理论、方法和技巧激发个体的潜能，提升其社会福利功能，其服务也是有偿服务。群团工作则具有很强的政治色彩，它主要以为人民服务为核心价值观，通过谈话、批判教育等日常工作方式对当事人进行思想政治教育，使其能够树立一种社会主义世界观、人生观与价值观，是一种无偿的奉献（见图4-3）。由此看来，群团工作也并非一种真正意义上的社会工作（见表4-4）。据此，我们可以说，改革开放前中国的社会工作发展事实上处于一种断裂状态。

表4-4 群团组织工作与社会工作的差异

类型	目标	价值理念	工作伦理	工作理论	工作方法	工作技巧
社会工作	提升个体社会福利功能	以人为本、助人自助	服务者与被服务者	专业助人理论	个案、小组、社区	尊重、接纳、共情
群团工作	树立集体主义价值观	为人民服务	教育者与被教育者	思想政治、教育理论	谈话、教育、批评	晓之以理、动之以情

四 改革开放以来社会工作本土化探索阶段

从西方经验来看，促使社会工作产生的主要因素有三个。一是工业化和城市化引发大量社会问题，家庭与社区功能逐步弱化，贫困、流浪、犯罪、卖淫和自杀等呈现出规模化趋势。单纯依靠传统社会系统功能已难以消化这些问题，客观上需要一个专门的社会组织来应对和缓解社会问题。二是资本主义人道主义和人权思想的扩展，资本主义在兴起之时就高举民主、自由、平等、博爱的旗帜，高呼"创造最大多数人的最大幸福"的口号。这些执政理念与口号为社会工作的产生提供了强有力的制度环境。三是宗教慈善人士的实践性探索，欧美基督教盛行，各种社会灾难和罪恶最先触动宗教慈善人士的神经，他们以一种宗教"大爱"的思想率先对社会问题做出了回应，其实践性探索不仅营造了一种关爱弱势群体的社会氛围，而且为社会工作走向专业化奠定了基础。与这三个因素略有不同，王思斌认为，促使改革开放以来中国社会工作产生的主要因素有四个：① 工业化、体制改革、社会问题与社会进步。当然，这里主要是从社会工作产生的客观环境来讲的。从主观方面看，社会工作的产生也离不开慈善和爱国人士的积极探索与推动。由此，我们认为，社会工作不仅是社会转型的产物，也是社会文明进步的产物，更是社会进步人士不懈探求的结果。

---

① 王思斌：《中国社会工作的经验与发展》，《中国社会科学》1995 年第 2 期。

（一）改革开放以来社会工作发展背景

一般而言，社会转型有广义和狭义之分，广义上指从传统社会向现代社会、农业社会向工业社会的转型。狭义上主要指 1979 年以来中国社会的快速转变时期，[①] 尤其是 20 世纪 90 年代初期至今的加速转型，我们也可称之为新时期的社会转型。按照郑杭生教授的观点，新时期的社会转型才是中国真正意义上的社会转型，包括了从计划经济向社会主义市场经济体制转变，农业社会向工业社会转变，乡村社会向城镇社会转变，封闭半封闭社会向开放社会转变，伦理社会向法理社会转变等，[②] 涵盖了经济、政治、社会和文化生活等诸多领域的变革。具体阐释为，政治上，结束了以阶级斗争为纲的指导思想，全党工作重心转移到经济建设上来，淡化了意识形态指向，开始"聚精会神搞建设，一心一意谋发展"。经济上，结束了故步自封的发展状态，实行改革开放，坚持引进来和走出去相结合的发展策略，经济体制也开始由计划经济向社会主义市场经济转轨。社会上，随着工业化和城市化进程加快，维系城乡二元社会的户籍制藩篱趋于松动，大量的农业人口开始涌入城市，形成所谓的"民工潮"，单位制向社区制转变，单位人向社会人过渡。文化上，单向度的革命意识形态文化向多元文化发展，传统文化、西方文化和主流意识形态并存，交融发展。这一系列转型在繁荣经济和社会发展的同时也衍生了诸多的社会问题。

从某种程度上讲，社会转型与社会问题是一对孪生兄妹，二者如影随形。新时期的转型引发的社会问题主要集中于四个方面。

① 朱力：《大转型：中国社会问题透视》，宁夏人民出版社，1997，第 44 页。
② 郑杭生：《中国和西方社会转型显著的不同点》，《人民论坛》2009 年第 5 期。

一是农民工问题。20 世纪 80 年代中后期，随着改革开放的深入和沿海地区对于劳动力的旺盛需求，国家适时调整了限制人口流动的政策，大量的农业人口流入城市。1989 年，农村外出务工劳动力由改革开放初期的将近 200 万人迅速增加到 3000 万人。[①] 1993 年农民工高达 6200 多万人，比 1989 年增加了 3200 多万人，其中跨省流动约 2200 万人。2004年，外出农民工人数达到 1.2 亿人左右，此后每年都以 600 万~800 万人的速度递增。[②] 截至 2011 年，包括在本乡镇就业的人数，农民工总数高达 2.5 亿。[③] 德国学者罗伊宁格尔早在几十年前就预言中国的农民工问题是一个活的火山口和火药桶，他认为，"从心理学的角度分析，几十万人处于一种盲动的状态下，由于相互之间的情绪共振作用，可以毫无理由地使每个分子都产生强烈的被虐心理和报复欲望，每一个分子的这种情绪又共同形成一种强大的破坏力，随时有可能爆发一场没有首领没有目标的死亡性运动。在此时，任何一个低级的谣言都能指引这支盲动的力量冲向一个无辜的目标"。[④] 虽然今日看来，农民工问题并未像罗伊宁格尔指出得那样可怕，然而确实成了困扰中国社会发展的首要问题之一。农民工沦为一种边缘和弱势群体，他们在物质生活、劳动薪酬、工作环境、社会保障、社会身份、社区融入、心理健康、婚恋生活、子女教育、家庭团聚、公共服务、政治参与、公民权利等方面遭遇了诸多的不平等

---

① 中国农民工问题研究总报告起草组：《中国农民工问题研究总报告》，《改革》2006 年第
5 期。

② 中国农民工问题研究总报告起草组：《中国农民工问题研究总报告》，《改革》2006 年第
5 期。

③ 国家统计局，《2011 年我国农民工调查监测报告》。

④ 〔德〕罗伊宁格尔：《第三只眼睛看中国》，山西人民出版社，1993，第 62－63 页。

和不公正。以社会保障为例，截至 2011 年，尚有 2 亿农民工没有被纳入工伤保险和基本医疗保险当中（见表 4 – 5）。

表 4 – 5　2011 年中国农民工社会保障和收入状况

农民工 总人数(万人)	工伤保险 参保人数(万人)	基本医疗 参保人数(万人)	外出农民工 月平均收入(元)
25278	6837	4641 万人	2049 元

注:外出农民工指本乡镇以外从业 6 个月以上的外出农民工,本地农民工指在本乡镇内从事非农产业 6 个月以上的本地农民工。

资料来源:国家统计局《2011 年我国农民工调查监测报告》。

二是国有企业下岗工人问题。20 世纪 80 年代末 90 年代初，受西方新自由主义思潮的影响，面对中国国有企业设备陈旧、冗员积重、效率低下、入不敷出的现实境况，国家开始深入探索国有企业改革机制。1993 年 11 月，中共十四届三中全会通过的《中共中央关于建立社会主义市场经济体制若干问题的决定》指出，我国国有企业的改革方向是建立适应市场经济和社会化大生产要求的产权清晰、权责明确、政企分开和管理科学的现代企业制度。建立现代企业制度，使企业成为自主经营、自负盈亏、自我发展、自我约束的法人实体和市场竞争主体。[1] 在此基础上，1995 年，中共十五届四中全会通过的《中共中央关于国有企业改革和发展若干重大问题的决定》进一步指出对国有企业实施"鼓励兼并、规范破产、下岗分流、减员增效和再就业工程"。[2] 在这两个《决定》的

[1]　中国共产党新闻网，http：//cpc.people.com.cn/GB/64162/134580/137920/。
[2]　《中共中央关于国有企业改革和发展若干重大问题的决定》，《人民日报》1999 年 9 月 22 日。

指导下，中国掀起了国有企业职工下岗高潮，1997 年有 1270 万名下岗工人，1998 年有 877 万人，1999 年有 937 万人，2000 年有 911 万人（见图 4 - 4）。[①] 另据相关统计，1998 ~ 2003 年，国有企业累计下岗职工人数高达 2818 万。[②] 面对这样一个庞大的群体，虽然国家也相继出台了相关的社会保障制度和再就业政策，但因其具有不完善性和配合改革的附属性等特征，其难以满足下岗工人的多种需求，致使上访、抗争和群体性冲突不断。下岗工人作为城市的新贫困群体，在物质生活、家庭关系、精神动力、社会支持网络、自我价值和社会认同等方面存在着众多问题。

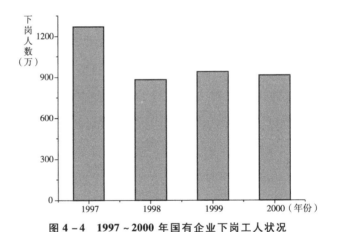

图 4 - 4　1997 ~ 2000 年国有企业下岗工人状况

三是群体性事件频发。20 世纪 90 年代初期，中国的基尼系数就已经突破 0.4 的国际警戒线，贫富差距不断拉大。世界银行统计数据显示，1993 年中国大陆的基尼系数为 0.403，2001 年为 0.45，2004 年为 0.47，

---

① 谢桂华：《市场转型与下岗工人》，《社会学研究》2006 年第 1 期。
② 《还有多少人记得那些下岗工人》，http：//news. cn. yahoo. com/xiaganggongren. html。

2005 年为 0.42，2009 年为 0.47，2010 年为 0.481。① 另外，根据国家统计局公布的数字，2013 年我国的基尼系数是 0.473。实际上，估计目前已经超越 0.5。如此悬殊的贫富差距是社会不稳定的重要诱导因素，再加上农民工问题、下岗工人问题、失地农民问题、征地拆迁问题、经济发展引发的环境污染、权力寻租和司法不公正等，使得社会矛盾日益凸显，各类群体性事件日趋增多。国家有关部门资料显示，20 世纪 90 年代初，中国的群体性事件呈现出快速增长趋势，1993 年发生群体性事件 8709 起，1999 年 32000 起，2003 年 60000 起，2004 年 74000 起，2005 年 87000 起，2006 年 90000 起，② 以后逐年增多。根据 2000 年以来发生的较大规模的群体性事件来看，这些群体性事件主要集中于劳资冲突、官民矛盾、征地拆迁和环境维权等方面（见表 4-6）。这些不能不引起国家的高度警觉和省思。

表 4-6　2000 年以来较大规模的群体性事件

年份	规模较大的群体性事件
2004	四川汉源事件、重庆万州事件
2005	安徽池州事件、河北定州事件
2006	四川广安群体性事件
2007	四川达州群体性事件
2008	重庆出租车罢运事件、甘肃陇南事件、云南孟连事件、贵州瓮安事件、湖南吉首事件
2009	湖北石首事件、河北保定棉纺织厂千名职工"徒步进京旅游"事件、吉林通钢事件、河南林钢事件、重庆嘉陵工人罢工

① 世界银行统计数据，《国际统计年鉴 2010》。
② 于建嵘：《解决利益冲突是建设和谐社会的基础》，《南都周刊》2007 年 11 月 19 日。

续表

年份	规模较大的群体性事件
2010	黑龙江富锦长春岭事件、安徽马鞍山事件
2011	云南绥江堵路事件、湖北利川事件，上海港豫、鲁籍集装箱卡车司机罢工、广东潮州古巷镇事件、广州增城大墩村事件、大连民众抗议 PX 事件、浙江湖州织里镇事件、广东乌坎事件
2012	四川什邡事件、江苏启东群体性事件、重庆万盛群众聚集事件、太原富士康工人罢工、郑州富士康工人罢工
2013	成都反对 PX 项目事件、昆明反对 PX 项目事件、湖南临武群体性事件、江门鹤山反核事件

四是民生问题。近年来中国民众最关心和社会敏感的问题是物价、房价、医改、食品安全、教育改革、住房改革、社会保障、就业问题、收入分配、腐败问题等，这些问题使执政党面临一种前所未有的挑战与考验。

社会转型中衍生的社会问题不仅对政治体制改革提出了新的要求，而且对社会建设和社会治理创新提出了新的期望，更对传统民政工作提出了新的挑战。单靠传统的社会救助系统与方法显然已经力不从心，在建立和健全社会保障机制的同时，客观上需要一种制度化、专业化和职业化的助人工作。由于新时期的中国社会转型与西方工业化、城市化在社会情境上具有一定类似性，因此，国内许多学者和民政官员寄希望于引进西方专业社会工作来缓解和应对中国的问题，社会工作被赋予了较高的期许与指望。在这样一种专业理想主义的驱使之下，中国开始了社会工作发展之路。总括而言，包括三方面的发展进路。其一是教育方面的发展，与西方社会工作的发展路径不同，中国社会工作最先在教育领域发展。自 1988 年北京大学建立社会工作与管理专业以来，目前已有

200 多所高校开设社会工作本科教育，100 多所高校开始社会工作硕士（MSW）教育，并开启了社会工作博士（DSW）教育论证工作。虽然中国的社会工作教育是在高度模仿西方的基础上建立起来的，但经过几十年的发展已经积累了较为丰富的教学和实践课程体系，为开展社会工作服务储备了大量人才。其二是实践领域的发展，自 1994 年上海率先开展社区服务实践以来，上海、广州、深圳等地的社会工作服务机构相继成立并开展了不同领域的社会服务工作。在服务农民工、协助下岗工人再就业、灾后创伤辅导、关爱留守儿童、预防和应对群体性事件、干预自杀、反家庭暴力、调和医患关系、救助流浪儿童、丧亲哀伤辅导、偏差行为矫正等方面累积了一些实践经验，有效地预防和延缓了社会矛盾与冲突。其三是专业身份的发展，社会工作由一个陌生的身份逐步走向了专业化、职业化和制度化，社会认受性逐步提高，社会工作者被誉为和谐社会的使者，2010 年被列为未来中国急需的六大人才之一。由此可见，中国社会工作是社会转型的产物，是应对转型社会问题的一种尝试性的探索。

（二）改革开放以来社会工作本土化探索

新时期的社会转型衍生了大量的社会弱势群体，这些群体可依赖的社会支持系统不外乎有非制度性和制度性两种，非制度性支持系统主要包括家庭和社区系统，制度性的支持系统主要包括民政系统的相关救助与服务、社会保障制度和社会政策等。然而，社会问题的复杂性和支持系统的滞后性致使难以满足弱势群体的实际需求，第一，家庭和社区支持系统在社会转型中受到了较大的冲击，其庇护和支持个体的社会功能趋于弱化；第二，民政系统的社会服务主要依靠日常经验积累，面对新生问题缺乏专业的干预和介入手法；第三，社会保障和社会政策尚不完善，低水平、低覆盖和物质保障性等特征使其难以满足弱势群体更高层次的需求。基于此，在充分发挥制度性与非制度性社会支持系统积极作用的基础上，客观上需要一种制度化、专业化和职业化的助人工作。这种工作既可能重塑和强化非制度性支持系统的功能，又可以弥补制度性支持系统的不足，有效传递社会服务。这种客观性的需求为社会工作的发展提供了契机，社会工作以"预防胜于治疗、发展胜于救助、助人自助"为原则，在应对西方工业和城市化过程中起到了积极有效的作用。由此，社会工作被中国社会引进，并被寄予了预防、应对转型中社会弱势群体问题的期望。

自 20 世纪 80 年代以来，主要有三股力量推动了中国社会工作的发展，一是高等院校社会工作教育和研究的发展，二是国家相关政策的出台和推行，三是各种社会工作机构和志愿者队伍的探索。首先，从社会工作教育层面来看，中国的社会工作最先发端于教育，这与欧美社会明显不同，不仅如此，中国的社会工作在不到三十年的时间里发展成为一个庞大的教育体系。1987 年，民政部在考察香港、挪威和瑞典社会工作教育的基础上，在北京马甸组织了社会工作教育论证会。1988 年，民政部支持北京大学建立了第一个社会工作与管理专业。同年民政部成立了社会工作教育研究中心，创办了《社会工作研究》等期刊，并在民政管理干部学院设立了社会工作系。① 此后，中国人民大学、吉林大学、厦门

---

① 闫磊：《中国社会工作发展历程的三维分析框架》，《创新》2012 年第 5 期。

大学等高校开设了社会工作专业和课程。① 1991 年建立了社会工作协会。
1992 年加入国际社会工作联盟。1993 年中国青年政治学院建立社会工
作系。1994 年成立了社会工作教育协会。在 20 世纪 90 年代高校扩招
政策的助推之下，社会工作教育开始出现繁荣发展的局面，截至 2010
年全国开设社会工作的高校已经高达 252 所（见图 4－5）。2009 年，
国务院学位委员会办公室设置全国社会工作硕士（MSW）指导委员会，
开始探索社会工作专业硕士培养工作，分三批在全国高校设置社会工作
专业硕士点，首批和第二批共有 58 所高校，第三批 43 所高校，再加上
其他 2 所高校，共计有 103 所高校设置了社会工作专业硕士点（见表
4－7）。高校社会工作教育的发展有力地推动了社会工作研究，催生了
一批相关的理论和实务研究成果。目前已拥有 8 类社会工作出版物，这
些国内外的出版物呈现了社会工作的声音，对于繁荣社会工作学科发展
起到了积极的推动作用（见表 4－8）。此外，我们对 1979～2014 年
CNKI 的数据库进行了检索，在检索项 "主题"、"篇名"、"关键词"、
"摘要" 等栏目中输入社会工作的字样，可以检索到的文章数量分别为
14467 篇、8023 篇、3450 篇和 12577 篇（见图 4－6）。由此可见，中
国的社会工作教育和研究已经取得了一定的成就。其次，从国家相关社
会政策来看，国家社会工作的相关政策是发展社会工作的制度性保障。
2001 年以来以民政部为主体陆续出台了一系列发展社会工作的相关政
策和文件，上海和深圳等地也相继出台了一些地方性的指导意见（见
表 4－9）。尤其是从 2006 年党的十六届六中全会提出 "建设宏大社会

---

① 李迎生、韩文瑞、黄建忠：《中国社会工作教育的发展》，《社会科学》2011 年第 5 期。

工作人才队伍"，到 2007 年全国社会工作者职业资格水平考试的全面推开，再到 2010 年《国家中长期人才发展纲要（2010—2020 年）》将社会工作者列为未来急需的六大人才之一。目前这一系列政策和法规的推出对于推动社会工作专业化与职业化起到了积极的作用。最后，从社会工作机构的实践层面看，政府和民间社会工作机构的实践探索推进了社会工作的专业化、职业化和本土化进程。上海是中国社会工作实践的试点之一，1994 年率先开始了社会工作实践，而深圳、江西和四川等地也结合当地需求开展了社会工作探索，逐步形成了上海模式、深圳模式、江西万载模式等本土化模式（见表 4 - 10）。以此为基点向全国扩散，目前社会工作已在全国普遍推开，在职社工 100 万人左右，截至 2013 年底已经有约 12 万人通过全国社会工作者职业水平考试。尽管也存在诸多的问题，但无疑已经走向一个蓬勃发展的历史时期。由此可知，中国的社会工作正向专业化、职业化和本土化的进程中迈进。

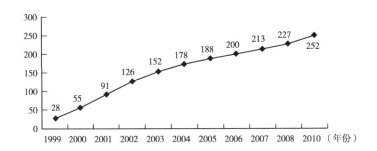

图 4 - 5　全国批准开设社会工作专业（本科）院校数量

资料来源：史柏年《社会工作专业教育发展》，载中国社会工作协会组编《中国社会工作发展报告（1988～2008）》，社会科学文献出版社，2009，第 396 页。

表 4 - 7 中国社会工作硕士（MSW）设置院校

设置批次	高校名称
第一批 （33 所）	北京大学、清华大学、中国人民大学、北京师范大学、中国社科院研究生院、首都经济贸易大学、吉林大学、长春工业大学、南开大学、内蒙古师范大学、西北师范大学、西北大学、四川大学、西南大学、贵州大学、山东大学、安徽大学、郑州大学、南京大学、苏州大学、复旦大学、华东理工大学、上海大学、武汉大学、华中科技大学、华中师范大学、华中农业大学、江西财经大学、浙江师范大学、厦门大学、福建师范大学、广西师范大学、中山大学
第二批 （25 所）	中央民族大学、吉林农业大学、辽宁大学、沈阳师范大学、兰州大学、西北民族大学、西北农林科技大学、陕西师范大学、重庆大学、西南财经大学、云南大学、云南民族大学、河北大学、安徽师范大学、南京航空航天大学、南京师范大学、南京理工大学、河海大学、南京农业大学、华东师范大学、中南大学、中南民族大学、武汉科技大学、福州大学、广西师范学院
第三批 （43 所）	中国政法大学、北京科技大学、北京工业大学、中国青年政治学院、国家行政学院、北京建筑工程学院、天津理工大学、哈尔滨工业大学、哈尔滨工程大学、东北师范大学、长春理工大学、沈阳化工大学、东北石油大学、大连海事大学、中共吉林省委党校、天津理工大学、内蒙古大学、新疆大学、新疆师范大学、青海师范大学、甘肃政法学院、西安交通大学、西南石油大学、成都信息工程学院、西华大学、山西医科大学、太原科技大学、青岛大学、郑州轻工业大学、东南大学、扬州大学、华东政法大学、上海师范大学、中南财经政法大学、湖北师范学院、湖南师范大学、湘潭大学、江西师范大学、浙江大学、杭州大学、华南理工大学、华南农业大学、广州大学、深圳大学
其他院校（2 所）	中华女子学院、北京城市学院

表 4 - 8 中国社会工作出版物

刊名称	创办时间 （年）	主办单位	主编	备注
中国社会工作	1988	中华人民共和国民政部	许 娓	原名《中国社会导刊》
社会工作	1988	江西省民政厅	邹 鹰	原名《百姓故事》
中国社会工作研究	2003	中国社会工作教育协会	王思斌	以书代刊

续表

刊名称	创办时间（年）	主办单位	主编	备注
中国社会报	2005	中华人民共和国民政部	秦艳	报纸
社会工作文选	2006	中华人民共和国民政部	米有禄	以书代刊
社会工作	2008	中国人民大学	李迎生	人大复印资料
CHINA JOURNAL OF SOCIAL WORK	2009	香港理工大学、北京大学	阮曾媛琪 王思斌	国际期刊
社会工作与管理	2014	广东工业大学	陈新	原名《广东工业大学学报》(社科版)

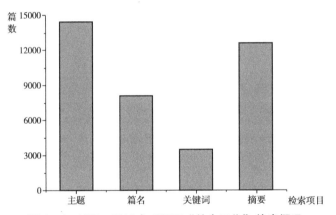

图 4 – 6　1979～2014 年 CNKI "社会工作" 检索概况

表 4 – 9　中国社会工作发展的相关文件和政策

单位名称	文件和会议名称	时间	主要内容
民政部	《老人机构社会福利机构基本规范》《残疾人社会福利机构基本规范》《儿童社会福利机构基本规范》	2001 年	提出引入社会工作制度，聘用社会工作专业人才
民政部	《关于加强社会工作人才队伍建设的通知》	2003 年	倡导社会工作职业化试点

续表

单位名称	文件和会议名称	时间	主要内容
上海市民政局、人事局	《上海市社会工作职业资格认证暂行办法》	2003 年	规定了上海市社会工作职业资格认证办法，推行社工职业资格考试
劳动与社会保障部	《社会工作者国家职业标准》	2004 年	制定了社会工作的职业标准
深圳市民政局、市社会工作协会	《深圳市社会工作职业化"十五"期间（三年)工作方案》《关于推动深圳社会工作职业化工作意见》	2004 年	推动了深圳的社会工作职业化进程
人事部、民政部	关于印发《社会工作者职业水平评价暂行规定》和《助理社会工作师、社会工作师职业水平考试实施办法》的通知	2006 年	明确了社会工作职业水平评估办法和（助理)社会工作考试实施办法
中共中央	《中共中央关于构建社会主义和谐社会若干重大问题的决定》	2006 年	建设宏大社会工作人才队伍
民政部	《关于开展社会工作人才队伍建设试点工作的通知》	2007 年	推行社会工作职业化试点工作
深圳市委、人民政府	《中共深圳市委深圳市人民政府关于加强社会工作人才队伍建设推进社会工作发展的意见》（"1 + 7"文件)	2007 年	提出社会工作人才培养、评价、使用、激励的政策措施和制度保障
深圳市委、人民政府	《深圳市财政支持社会工作发展的实施方案（试行)》	2007 年	政府出资向社会组织购买服务
国务院	《民政部主要职责内设机构和人员编制规定》	2008 年	民政部设置人事司（社会工作司)
民政部	《社会工作者职业水平证书登记办法》《社会工作者继续教育办法》	2009 年	规范了社会工作者登记管理和继续教育

续表

单位名称	文件和会议名称	时间	主要内容
中共中央、国务院	《国家中长期人才发展规划纲要》（2010 – 2020 年）	2010 年	将社会工作者列为未来中国社会发展急需的六大人才之一
中组部、中央政法委、民政部等 18 部门	《关于加强社会工作专业人才队伍建设的意见》	2011 年	社会工作人才队伍建设
民政部	《社会工作专业人才队伍建设中长期规划》（2011 – 2020 年）	2012 年	提出社会工作人才队伍建设的具体目标和任务
民政部财政部	《民政部、财政部关于政府购买社会工作服务的指导意见》	2012 年	提出政府购买社会工作服务的具体办法
民政部等六部委	《关于印发〈边远贫困地区、边疆民族地区和革命老区人才支持计划社会工作专业人才专项计划实施方案〉的通知》	2012 年	提出了在贫困山区、边疆地区和革命老区探索社会工作的策略
中共中央	十八届三中全会《中共中央关于全面深化改革若干重大问题的决定》	2013 年	推广政府向社会购买服务，推动政府购买服务的力度

表 4 – 10　中国社会工作实践探索概况

时间	社工实践	意　义
1994 年	上海开展了全面的社区建设实践	社会工作随着社区建设走向实践
1997 年	上海浦东新区引进首批社会工作毕业生到基层服务	社会工作职业化探索的开始
2001 年	上海东方医院社工部成立	国内首家社会工作部门，标志着医务社会工作的开始
2002 年	上海市开始矫治社会工作的试点工作	司法矫治社会工作的开始

续表

时间	社工实践	意　义
2003 年	乐群社会工作服务机构成立	国内首家非政府专业社会工作机构
2004 年	上海市民政局设立社会工作处	政府首次设立专门的社会工作管理机构
2006 年	上海市救助管理社工站成立	开始在社会福利机构设置社会工作岗位
2007 年	深圳南山区首次向全国招聘社工人才	有力推动了社会工作的职业化
2007 年	江西万载县开始探索"社工＋从工＋义工"的农村社会工作模式	农村社会工作模式探索的开始
2008 年	深圳市民政局招聘 10 名社会工作者	社会工作者开始进入事业单位
2008 年	民政部先后组织国内高等院校和科研机构的社会工作者进行了灾后救援和重建活动	开启了中国灾害社会工作的实践
2013 年	北京市选派 20 名社会工作者援助新疆	探索建立"三区"社会工作人才队伍

　　注：本表格的制作参阅了闫磊《中国社会工作发展历程的三维分析框架》,《创新》2012 年第 5 期的部分内容。

　　综上可知,中国社会工作的专业化发展可概括为四个阶段,即传统非专业阶段、民国时期初步专业化阶段、改革开放前的专业化停滞阶段与改革开放之后专业化和本土化探索阶段。其中,民国时期初步专业化阶段和改革开放之后专业化和本土化探索阶段是中国社会工作发展的关键时期,尤其是党的十六届六中全会提出建立宏大的社会工作人才队伍,社会工作开始进入高速发展阶段并在全国推开,开启了专业化、职业化和本土化的进程。

第五章　中国社会工作本土化检视

从纵向的历史视角来审度，专业社会工作在中国的发展经历了"初步探索－全面中断－逐步引进－试点探索－全面发展"五个时期。除去民国时期的"初步探索"和改革开放前的"全面中断"，社会工作在中国的发展仅有30年的历史。从20世纪80年代以来教育领域的"初步引进"，到21世纪初实践领域的"试点探索"，再到当前的"全面发展"，中国的社会工作实现了后生快发式的跃迁，被学界誉为"社会工作的春天"。在短暂的30年时间里，舶来于西方的社会工作不断地与中国本土生态、经济、社会、文化和历史脉络等相融合或相排异，实现了跨地域和跨文化的发展，尤其是在教育研究、专业化和职业化方面均取得了丰硕的成果，成为全球社会工作的重要组成部分。借此或可以说，社会工作在中国的发展是一个持续本土化的过程，而本土化则是一个动态概念，其实质上是追求一种专业社会工作的本土契合性，最终目标指向是"去欧美化"和"再中国化"。当然，由于中国的社会工作发展历时短暂，当前其本土化元素有的已经形成，有的正在形成，有的还有待形成。在这样一个社会工作大发展和大繁荣的进程中，我们有必要使用社会工作的"反思批判"精神对本土化的产物进行检视，找出其积极的元素同时规避其消极元素，以推动其健康发展。由于社会工作本土化主要分列在教育、职业和专业化等领域，因此，我们将分别从社会工作教育、社会工作模式、社会工作者生命故事和社会工作理论与实务等方面进行检视，以期诊断优劣。

一　社会工作教育本土化检视

中国社会工作最先发端于教育领域，这与西方社会工作源起于宗教慈善事业明显不同。前文已提及，20 世纪 80 年代中期，民政部支持北京大学开办社会工作与管理专业，开启了中国社会工作教育的发展道路。此后，受国家行政管理体制改革的影响，一些国家机关直属的干部培训学院开始由管理职能向服务职能转变①，设置了社会工作系并开设相关专业，如民政部管理干部学院、中国青年政治学院、中华女子学院和中国劳动关系学院等。1998 年，受高校扩招政策推动，社会工作专业设置审批环境较为宽松，国内众多高校尤其是理工类和专业性院校相继开设社会工作专业，理工类院校主要致力于建设综合性大学，而专业性院校旨在扩大规模和增强竞争力。2004 年和谐社会的提出和 2006 年社会工作人才队伍建设的目标持续推动了社会工作教育发展，许多综合性院校依托社会学和心理学等优势学科增设社会工作专业。2008 年，国家优先考虑在设有社会学博士点和硕士点的高校开设社会工作专业硕士（MSW）教育。由此，社会工作教育迈向了全面繁荣的时代。

①　王思斌：《中国社会工作的经验与发展》，《中国社会科学》1995 年第 2 期。

回首中国社会工作教育的发展历程，我们试图将其归结为三类发展模式。第一类是体制转轨型模式。主要指国家部委和机关的一些培训学院，它们在适应市场经济的行政体制改革转轨的过程中抓住机遇优先发展社会工作专业，特别是在师资和实务方面积极寻求欧美和港台地区的合作与支持，专业发展程度相对超前。第二类是优势学科依托型模式。主要指社会学或者相关专业发展程度较高的院校。这类高校有较强的办学实力，相对注重理论研究，对于以实务为导向的社会工作并没有过多的重视，只是社会工作成为一种发展的大趋势时，才依托社会学、心理学和社会保障等专业开设社会工作专业。因此，其专业化程度适中，社会学和心理学的痕迹较为明显。第三类是点缀型模式。主要指一些理工类院校和规模较小的高校，它们发展社会工作的主要目的是向综合性院校过渡或者扩大办学规模。社会工作是在软硬办学条件都不足的基础上发展起来的，充其量是点缀和附属，因此专业化程度相对滞后。依照这三种模式，我们选取了国内三所高校为研究个案，通过呈现这些个案来检视中国社会工作教育状况。

（一）个案高校1：体制转型模式及其检视

Z学院是目前中国内地社会工作专业发展程度较高的院校之一。该院于1985年在中央某国家机关培训学校的基础上组建成立，目前主要承担普通高等教育和所属系统干部培训的双重职能。20世纪90年代以来，为适应市场经济的发展需求，国家逐步推行行政管理体制改革，改革的主要方向是由管理职能向服务职能转变。这种改革不可避免地波及了国家机关或部委的干部培训学院，Z学院作为中央某部委的直属机构也面临职能转换。社会工作作为一门充满服务理念的专业正好迎合了改革趋向。1993 年，Z 学院率先在全国成立了第一个社会管理与社会工作系，开始招收社会工作专业本科生。1995 年开始组织社会工作专业实习。2000 年建成了国内一流的社会工作实验室，总面积 250 平方米，造价 140 万元。同年，学院积极组织教师报考香港理工大学和北京大学合作培养的社会工作专业硕士（MSW），师资力量不断充实。此后，在德国米苏尔基金会和香港理工大学的支持之下，Z 学院与北京大学、民政管理干部学院和中华女子学院等四所大学联合建成社会工作图书馆，馆藏各类社会工作相关书籍 4 万余册。2002 年，Z 学院专门设立社会工作实习办公室。2006 年，在中央宏大社会工作建设目标的推动之下，社会管理与社会工作系更名为社会工作学院，主要涵盖社会工作系、社会保障系和社会学系三个系部，开设社会工作、劳动与社会保障和社会学三个本科专业，并拥有社会学专业硕士学位点，主要招收社会工作和应用社会学方向的硕士研究生。近年来，社会工作专业系更加注重与港台地区及境外高校和NGO 组织在师资培训、课程设置和教材编写等方面的交流与合作，如与香港理工大学应用社会科学系、香港城市大学社会科学学部、台湾东海大学社会工作系、美国丹佛大学社会工作研究生院和香港圣公会福利协会等建立了长期合作关系。此外，Z 学院在香港、北京、深圳等地建有长期稳定的教学实习基地。

　　Z 学院是当前中国内地社会工作专业招生规模最大（80～100 人/年）的院校之一，其专业发展程度也具有较强的代表性。下文我们将通过师资状况、课程设置、实习状况和学生就业来检视其本土化状况。

　　首先，从师资方面看，社会工作专业系拥有较为强大的师资力量，共有专任教师 29 人，其中社会工作系教师 17 名，包括教授 4 名，副教授 7 名，讲师 3 人，专职实习导师 3 名（见表 5 - 1）。这些教师多数接受过香港理工大学的教育和培训，其主要研究方向也集中于青少年工作、妇女儿童工作和城市社区工作等方面，这些基本都是欧美社会工作的主流方向。当然，这些问题对我国并非不重要，只是相对于当下中国的农村社区、农民工、下岗工人、留守妇女儿童、流浪儿童、失足妇女等来说处于次要位置。诚然，社会工作系的教师们在翻译西方经典著作、引进各种理论和实务技巧、统编相关的教材、推动社会工作专业化方面做出了积极的贡献。但遗憾的是，我们并未看到他们将本土问题作为一个重要的议题去研究，亦没有看到围绕本土社会问题的研究成果出现。可以说，社会工作师资方面具有较强的欧美痕迹。

表 5 - 1　Z 学院社会工作专业系师资概况

职称	教师	学位	所学专业	毕业院校	研究方向
教授	教师 1	博士	社会福利	香港中文大学	社会政策、社工理论
	教师 2	博士	心理学	北京师范大学	心理咨询
	教师 3	硕士	社会工作	香港理工大学	社会工作、社会保障
	教师 4	硕士	社会学	北京大学	社区工作
副教授	教师 5	硕士	社会工作	香港理工大学	婚姻家庭、人际沟通
	教师 6	硕士	社会工作	香港理工大学	青少年社会工作
	教师 7	硕士	社会工作	香港理工大学	非营利组织
	教师 8	硕士	社会学	北京师范大学	青少年社会工作
	教师 9	硕士	伦理学	北京市委党校	伦理学
	教师 10	博士	心理学	首都师范大学	青少年心理
	教师 11	博士	社会学	中国人民大学	社区工作

续表

职称	教师	学位	所学专业	毕业院校	研究方向
讲师	教师 12	博士	社会学	华中科技大学	社会研究方法
	教师 13	博士	心理学	北京师范大学	青少年心理、小组工作
	教师 14	硕士	心理学	西北师范大学	个案工作、心理咨询
专职实习导师	教师 15	硕士	社会工作	香港理工大学	青少年社会工作
	教师 16	硕士	社会工作	香港理工大学	社区工作
	教师 17	硕士	社会工作	香港中文大学	流浪儿童康复

其次，从课程设置方面看，如表 5 - 2 所示，社会工作系的专业必修课主要参照欧美课程体系，特别是在社会工作方法层面。这里需要注意的是，专业社会工作是一种强价值介入的道德实践，充满了价值色彩，在西方都设有专门的社会工作伦理和价值课程。而在社会工作学院并没有设置相关的课程，究其缘由恐怕是我们尚未充分挖掘和构建中国社会工作的价值基础。此外，所使用的专业教材几乎没有专门探讨社会工作本土化和本土社会工作的，书中的理论和实务几乎都是来自西方和港澳台地区的"舶来品"，同类教材都有"形异神同"之特点。这样便会形成一个问题，培养的学生对于西方社会工作的起源、发展、现状和各种助人技巧可以侃侃而谈，而面对我国实际的社会工作时却变得无所适从，有的学生甚至忽视了本土一些常识性的助人知识，如低保申请所需程序、孤寡老人可以获得哪些救助资源等。

表 5 - 2　Z 学院社会工作专业课程设置概况

类别	课程名	课时	学分	学期分配							
				一	二	三	四	五	六	七	八
专业必修课	普通心理学	48	3	√							
	社会学	48	3	√							
	社会心理学	48	3		√						
	社会工作导论	48	3		√						
	社会统计学	64	4			√					
	个案工作	48	3			√					
	人类行为与社会环境	48	3			√					
	社会保障概论	48	3			√					
	社会研究方法	48	3				√				
	社会学理论	48	3				√				
	小组工作	48	3				√				
	社区工作	48	3				√				
	社会福利理论	48	3					√			
	社会政策分析	48	3						√		
	社会工作行政	48	3						√		
专业选修课	高等数学 1	48	3	√							
	高等数学 2	48	3		√						
	西方哲学史	48	3		√						
	教育学	32	2			√					
	中国哲学史	32	2			√					
	人口学	48	3			√					
	变态心理学	48	3			√					
	城乡社会学	48	3				√				
	宗教学概论	32	2				√				
	政治学	48	3				√				

续表

类别	课程名	课时	学分	学期分配							
				一	二	三	四	五	六	七	八
专业选修课	伦理学	48	3				√				
	社会工作专业英语	48	3					√			
	美国社会工作发展史	48	3					√			
	英语六级	48	3					√			
	社会统计软件	48	3					√			
	管理学	32	2					√			
	人类学	32	2					√			
	公共关系学	32	2						√		
	人力资源管理	32	2						√		
	社会工作理论	32	2						√		
	青少年社会工作	48	3						√		
	老年社会工作	48	3						√		
	当代中国社会问题	64	4						√		
	家庭社会工作	32	2						√		
	青少年心理咨询	48	3							√	
	社会工作专题研究	64	4							√	
	医疗社会工作	32	2							√	
	学校社会工作	48	3							√	
	后现代社会工作	32	2							√	
实践教学	入学教育			√							
	军训			√							
	社会实践	32	2				√				
	学年论文	32	2		√						
	毕业论文	128	8							√	√
	毕业实习	80	5								√
	毕业教育										√

再次，从实习状况层面看，Z 学院主要借鉴了香港理工大学和美国丹佛大学的实习模式，2002 年专门成立了实习办公室并编制了实习指导手册。社会工作学生在校期间需要完成 560 小时的专业实习，专业实习分为两个部分，即专业实习Ⅰ和专业实习Ⅱ。专业实习Ⅰ共 160 小时（2 学分），专业实习Ⅱ共 400 小时（5 学分）。实习办公室通过组织集中式实习和并行式实习来完成。① 此外，社会工作专业毕业实习督导主要由社会工作、社会学、心理学等专业专任教师担任，同时也聘请机构工作人员担任。表 5 - 3 为学生的主要实习基地，从整体上看，实习基地与专业方向的需求比较契合。

表 5 - 3 Z 学院社会工作专业学生实习基地

序号	实习基地	实习类型
1	《中国青年报》青春热线	并行实习
2	丰台区民政局	二年级实习
3	北京市第五福利院	二年级实习/毕业实习
4	北京海淀区紫竹院街道	二年级实习/并行实习
5	北京市未成年人救助保护中心	二年级实习/并行实习
6	北京市惠泽人咨询服务中心	二年级实习
7	北京慧灵智障人士社区服务机构	二年级实习/毕业实习
8	北京协作者文化传播中心	二年级实习
9	北京市东城区和平里街道	二年级实习
10	北京市社会福利管理处（北京市儿童福利院、北京市第一福利院、第五福利院）	二年级实习/毕业实习

① 《Z 学院社会工作实习体系》（内部资料）。

续表

序号	实习基地	实习类型
11	北京市中关村街道华清园社区服务站	二年级实习/并行实习/毕业实习
12	北京市朝阳区朝外地区社会管理中心	毕业实习
13	北京市第二儿童福利院	二年级实习/并行实习
14	北京市西城区月坛街道静心园	二年级实习
15	世界宣明会"和睦家园""学校社工"	二年级实习/并行实习/毕业实习
16	美新路公益基金	二年级实习/毕业实习
17	北京市志愿者协会	二年级实习
18	北京市富平家政学校	二年级实习/并行实习/毕业实习
19	蒲公英生命教育基地	二年级实习/并行实习/毕业实习
20	北京市海淀区团委"海淀社工"	二年级实习/并行实习
21	深圳慈善网	毕业实习
22	深圳鹏星社会工作服务社	毕业实习
23	香港圣公会福利协会	并行实习

最后，从学生就业状况看，由于中国的社会工作教育是在没有岗位设置和社会需求的基础上发展起来的，因此社会工作专业学生很难找到对口的岗位，不过，近年来形势略有好转。以 Z 学院 2010～2012 年毕业生去向来看，如表5-4和图5-1所示（说明：完全对口包含 NGO 和考取社工专业相关研究生，基本对口-1含事业单位和考取相关社会工作专业研究生，基本对口-2含完全对口、事业单位和考取相关社会工作专业研究生），73.12%的毕业生从事的工作与社会工作专业无关，仅有19%的学生从事相关职业或考取相关专业的研究生。

表 5 - 4　Z 学院社会工作专业学生 2010～2012 年就业概况

Z 学院社工专业 2010～2012 年毕业生去向							
项目	总人数	其中各去向人数					
		公务员	事业单位	NGO	企业	考研	其他
06 级社 1	46	6	4	2	15	14	5
06 级社 2	44	5	0	4	21	10	4
07 级社 1	53	6	1	1	26	14	5
07 级社 2	54	4	7	5	21	15	2
08 级社 1	39	5	0	0	16	15	3
08 级社 2	43	9	0	7	13	14	0
合计	279	35	12	19	112	82	19
所占比例	100%	12.54%	4.30%	6.81%	40.14%	29.39%	6.81%

注：表格中的数据有一定误差。

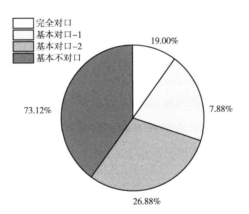

图 5 - 1　Z 学院社会工作学生就业概况

　　综上可知，Z 学院在体制转轨中优先发展了社会工作专业，在夹缝中找到了生存空间。毋庸讳言，社会工作专业在中国兴起之时，因其强调实务的特质而不被多数理论先行的高层次院校所青睐，而这恰好为诸如 Z 学院等国家机关培训院校让渡了空间和机遇，它们抓住了境外资源（尤其是香港资源）而不断壮大自身，其专业化程度在国内处于领先地位。因此，其教育本土化也具有浓厚的欧美色彩和香港印记，这点从师资力量、课程设置和实习模式中可见一斑。从一定程度上讲，Z 学院的社会工作在真正聚焦于本土实际问题，探索专业社会工作的介入策略方面尚显不足。此外，由于国家岗位设置与薪资问题、培养的学生与本土实际需求脱节等问题，其毕业生就业人数屈指可数。作为全国专业性较强的院校尚且如此，其余院校就可想而知了。因此，中国社会工作教育还有待于立足本土实际发展。

（二）个案高校 2：优势专业依托型模式及其检视

H 大学兴建于 1953 年，坐落于 HB 省 WH 市，是教育部直属的全国重点大学，也是首批列入国家"211 工程"重点建设和国家"985 工程"建设的高校。H 大学是国内社会学恢复重建后最早设立社会学系的高校之一，1980 年成立社会学研究室，1985 年成立社会学系，1986 年获得社会学硕士学位二级硕士授予权，1988 年开始招收社会学全日制本科生。在社会学专业的基础之上，2000 年开设社会工作本科专业并招收第一届本科生，2001 年和 2003 年分别获得社会保障和心理学二级硕士学位授予权，2006 年获得社会学、社会保障二级博士学位授予权。2009 年，国务院学位委员会设置社会工作专业硕士（MSW）指导委员会，优先考虑在具有社会学博士学位或一级硕士学位授予权的高校开展社会工作专业硕士（MSW）教育。全国首批共有 33 所高校设置了社会工作硕士点。H 大学凭借社会学的优势地位顺利获得了社会工作专业硕士学位授予权，2010 年开始招收首届社会工作专业硕士研究生。迄今为止，每年招收社会工作本科学生 30 余人，社会工作专业硕士 60 余人。为了保障社会工作学生的培养质量，社会学系建立了在国内较为先进的社会工作实验室，主要包括个案工作实验室、小组工作实验室、家庭工作实验室和大型观察室兼媒体实验室。

经过 30 年的发展，H 大学社会学系不断发展壮大，现包含两个教研室和四个研究机构，即社会学教研室、社会工作教研室、社会保障研究所、人口研究所、社会调查研究中心和中国乡村治理研究中心。社会工作专业在师资队伍、课程设置和专业实习等方面都形成了比较成熟的体系。从师资队伍层面看，如表 5 - 5 所示，社会工作教研室师资力量较为雄厚，共有教师 13 名，其中教授 5 人，副教授 3 人，讲师 5 人。这些教师大都拥有国内知名高校的博士学位，多数具有社会学或社会保障的教育背景，具有社会工作教育背景的仅有 1 人，其研究方向较为分散。从总体上看，教师们的研究方向理论性较强，社会学和社会保障的痕迹较为明显，对于社会工作实务层面的研究还比较欠缺。从课程设置层面看，如表 5 - 6 所示，H 大学社会工作专业课程设置包含了大量的社会学课程，如社会学概论、国外社会学理论、发展社会学和农村社会学等，在社会工作伦理、社会工作理论、社会工作实务和社会工作研究等方面的课程设置还比较缺乏，而且社会学课程课时大都超过了社会工作课程课时。此外，社会工作专业方面的课程主要由社会学、社会保障和心理学的教师来承担，很难保障实务课程的专业性。从专业实习层面看，如表 5 - 7，H 大学的社会工作实习主要包括专业实习、认知实习和毕业实习三部分，其中认知实习主要是通过实习培养学生对社会工作职业的基本了解，熟悉中国社区的基本运作情况。目前，H 大学社会工作专业实习基地共有10 处，其中比较专业的实习基地主要集中于青少年社会工作机构、老年社会工作机构和精神康复社会工作机构，而认知性的实习基地多集中于各种街道和社区等。H 大学社会工作专业实习督导主要由专业教师兼任，其中仅有 1 名教师接受过社会工作专业实习训练，其余教师则没有专业实习经验，这也是制约社会工作实务的问题。从学生就业情况来看，虽然自 2000 年招收本科生以来，已经有近 300 人毕业，但这些学生大都考取或被保送社会学硕士研究生，也有的考取了公务员和进入企事业单位，从事社会工作一线实务工作的几乎没有。

表 5 - 5　H 大学社会工作专业教师概况

职称	教师	学位	所学专业	毕业院校	研究方向
教授	教师 1	博士	社会保障	复旦大学	社会保障
	教师 2	博士	社会学	中国人民大学	老年社会学
	教师 3	博士	经济学	华中科技大学	经济社会学
	教师 4	硕士	社会学	华中科技大学	青少年心理学
	教师 5	博士	社会保障	华中科技大学	救助立法、社工伦理
副教授	教师 6	博士	社会保障	武汉大学	社会政策
	教师 7	博士	社会学	武汉大学	学校社会工作
	教师 8	博士	社会学	华中科技大学	家庭社会学
讲师	教师 9	博士	社会学	南开大学	康复工作、家庭社工
	教师 10	博士	人类学	北京大学	精神康复、人类行为
	教师 11	博士	社会工作	香港理工大学	老年人社会工作
	教师 12	博士	管理学	华中科技大学	社会政策
	教师 13	博士	社会学	中国社会科学院	社工实习

表5-6 H大学社会工作专业课程设置概况

课程类别	课程名称	学时/学分	各学期学时							
			一	二	三	四	五	六	七	八
专业必修课	社会学概论(一)	40/2.5	40							
	社会工作概论I	64/4	64							
	社会学概论(二)	40/2.5		40						
	社会调查方法	48/3		48						
	社会学社会工作专题讲座(一)	32/2		32						
	社会统计学	48/3			48					
	社会心理学	48/3			48					
	社会保障概论	48/3			48					
	个案工作	48/3			48					
	社会福利思想	48/3				48				
	小组工作	48/3				48				
	社区工作	48/3					48			
	社区概论	32/2					32			
	社会政策	48/3					48			
	人类行为与社会环境	32/2						32		
	社会学社会工作专题讲座(二)	32/2						32		
专业选修课	中国社会思想史	56/3.5				56				
	国外社会学理论	56/3.5				56				
	专业英语	32/2				32				
	发展社会学	48/3					48			
	经济社会学	48/3					48			
	组织社会学	32/2					32			
	电话访问系统管理	32/2					32			
	社会工作原著导读	32/2					32			
	定性研究方法	32/2					32			

续表

课程类别	课程名称	学时/学分	各学期学时							
			一	二	三	四	五	六	七	八
专业选修课	公共经济学	32/2					32			
	社会行政	32/2					32			
	社会救助	32/2					32			
	社区服务	32/2					32			
	社会问题	32/2						32		
	青年社会工作	32/2						32		
	农村社会学	32/2						32		
	家庭社会工作	32/2						32		
	社会工作实习	32/2						32		
	学校社会工作	32/2						32		
	女性社会学	32/2						32		
	心理咨询	32/2						32		
	老年社会工作	32/2						32		
	康复社会工作	32/2							32	
	儿童社会工作	32/2							32	
	公共关系学	32/2							32	
	市场调查与预测	32/2							32	
	社会工作实验及管理	32/2							32	
	人际沟通技巧	32/2							32	
	劳动社会学	32/2							32	
实践教学	军事训练	2w/2	2w							
	公益劳动	1w/1						1w		
	认识实习	5w/5				5w				
	专业实习	7w/7						7w		
	毕业实习	8w/8							8w	
	毕业论文	12w/12								12w

表5-7　H大学社会工作专业实习基地

序号	实习基地名称	实习性质
1	深圳东西方社会工作服务社	专业实习和毕业实习
2	中华路街道实习基地	认知实习和专业实习
3	杨园街道实习基地	认知实习和专业实习
4	徐家棚街道实习基地	认知实习和专业实习
5	启慧特教学校实习基地	专业实习和毕业实习
6	金鹤园青少年空间	专业实习和毕业实习
7	武汉市启新工读学校	专业实习和毕业实习
8	童馨园敬老院实习基地	专业实习和毕业实习
9	小洪山戒毒所实习点	专业实习和毕业实习
10	武汉市精神病院实习点	专业实习和毕业实习

由上文可知，H大学是一所拥有众多资源的全国重点大学，其社会学学科也拥有绝对的优势，在高校社会学专业教育层级中处于上层地位。这种学科和地位优势决定了其社会工作发展空间的广阔性。然而似乎也存在一种悖论，社会工作以优势学科为依托的同时不可避免地遭遇到了优势学科的羁绊。因为社会学以理论为本，而社会工作则以实务为重，二者的张力和冲突最后都要消解于学校重视理论研究的大环境之中。由此不难理解，H大学的社会工作专业"重理论和轻实务"的倾向比较明显。H大学社会工作发展模式在中国多数拥有社会工作专业的重点高校中具有一定的代表性，这些高校虽然开设社会工作专业，但对于其"实务为本"的特质却视而未见，社会工作实务教师或者被边缘化，或者被理论研究所同化。因此，社会工作充其量成为社会学的翻版和附庸。不仅如此，这些高校的专家在社会工作领域中又具有相当的话语权，他们

在社会工作的资源分配中具有制定规则的权力精英作用，例如，在首批社会工作专业硕士（MSW）的申报中，重点大学基本都获得了授予权，有的高校在没有任何师资和办学经验的条件下同样获得授予权。我们将这种社会工作教育发展模式称为优势学科依托型模式。

（三）个案高校3：点缀型模式及其检视

T大学兴建于1952年，坐落于SX省的省会城市TY，前身是隶属于国务院某部的T学院。1998年改为省部共建，以省管为主，是一所专门为大型装备制造业培养技术性人才的工科院校。2002年更名为T大学，由学院升格为大学，由此，学校提出了要建设以工为主，理、经、法、文、哲、艺综合发展的研究型大学。在这样一种大的发展环境之下，学校支持其直属的思想政治理论部积极申办文科性专业，思想政治理论部主要承担全校的"两课"（马克思主义理论课和思想政治教育课）教学，因此，师资力量主要集中于马克思主义理论和思想政治课教育。由于当时社会工作还是一门新专业，申报环境较为宽松，2002年，SX省教育厅批准了T大学招收社会工作专业本科生。自此，思想政治理论部改名为人文社会科学系，主要承担全校"两课"教育和社会工作本科生教育。因此，T大学成为SX省首家开设社会工作的院校，一般每年招收学生20~30人，其中第一志愿报考的人数较少，多数为从其他专业调剂而来的，因此学生转专业和退学现象也经常发生。2006年，由于社会工作专业学生就业困难，学校要求每两年招收一届学生。2007年，在社会工作专业的基础上，人文社科系又申报开设了应用心理学专业。2011年，学校机构改革，人文社科系分为思想政治教育部和人文社会科学院，其中，人文社科院独立出来，专门发展社会工作和应用心理学专业，社会工作专业开始恢复每年招生。

T大学既非"985"类又非"211"类院校，各类教育资源较为短缺。学校将有限的资源集中投放到工科特色专业中，再加上所在省份社会工作发展相对滞后，因此，T大学的社会工作专业的发展空间十分有限，其专业发展程度也相对较低。首先，从师资方面来看，共有社会工作专业教师16名，其中教授2名，副教授3名，讲师11名，具有博士学位的4人（见表5-8）。其中，具有社会工作教育背景的教师仅有2名，具有与社会工作相关的社会学和心理学背景的教师有5名，其余教师的教育背景离社会工作均有一定差距。虽然许多教师努力将自己的研究方向转向社会工作，但原有专业的痕迹依然明显，也没有形成集中稳定的研究方向，特别是在个案、小组、社区和社会工作实务层面的研究还比较欠缺。其次，从课程设置层面看，如表5-9所示，T大学也设置了一些社会工作专业的主干课程，但由于师资力量的不足，"因人设课"现象较为严重，如课程中还夹杂着法学和管理学等与社会工作不直接相关的课程。社会工作的许多主干课程，如残疾人社会工作、矫治社会工作、医务社会工作、工业社会工作、妇女社会工作和儿童社会工作等还没有开设。农民工社会工作、民族社会工作、灾害社会工作等本土性社会工作方面的探索尚未被提上日程。由此可见，T大学课程设置的专业性和本土性还存在较大的提升空间。再次，从学生实习层面看，T大学还没有专职的实习督导，实习主要依靠专业老师兼职，专业建立十年以来还没有专门的社会工作实验室。T大学社会工作专业学生实习基地如表5-10所示，主要包括协议性长期实习基地和非协议性临时实习基地。尽管这些实习基地与社会工作专业有某种紧密的关系，但这些机构多数没有设置社会工作岗位，其专业化和职业化程度还比较低。最后，从毕业生就业层面看，由于地处中部省份，T大学社会工作专业学生对口就业状况并不乐观。如图5-2所示，自2008年以来，从事社会工作专业（包括考取社会工作专业硕士）的人数为：2008年1人，2009年6人，2010年3人，2011年8人，2012年6人。这些从事社会工作专业的人多数为考取社会工作专业硕士的人，对于直接就业的学生来说，从事与专业相近或相关的工作的几乎为零。

表5-8　T大学社会工作专业教师概况

职称	教师	学位	所学专业	毕业院校	研究方向
教授	教师1	学士	行政法	太原重型机械学院	行政法
	教师2	硕士	马克思主义	中国人民大学	非营利组织
副教授	教师3	博士	科技哲学	山西大学	科技伦理
	教师4	学士	思想政治教育	河北大学	心理咨询
	教师5	硕士	法学	湖南师范大学	经济法
讲师	教师6	博士	社会学	南开大学	环境社会学
	教师7	博士	民族史	陕西师范大学	民族与地方史志
	教师8	博士	社会学	上海大学	城市社会学
	教师9	硕士	社会工作	香港理工大学	青少年社会工作
	教师10	硕士	行政管理	山西财经大学	非营利组织
	教师11	硕士	伦理学	华中科技大学	社会学理论
	教师12	硕士	社会学	山西大学	农村社会学
	教师13	硕士	社会学	中南大学	儿童社会工作
	教师14	硕士	教育心理学	山西大学	儿童心理学
	教师15	硕士	社会工作	福州大学	社会心理学
	教师16	硕士	行政管理	北京科技大学	社会工作行政

表 5－9　T 大学社会工作专业课程设置概况

类别	课程	学分	学时	学期分配							
				一	二	三	四	五	六	七	八
专业必修课	计算机文化	2	32	√							
	社会学概论	4	64		√						
	社会统计学	3	48		√						
	社会调查研究方法	4	64		√						
	普通心理学	4	64		√						
	法理学	3	48		√						
	社会心理学	4	64			√					
	民法	4	64			√					
	数据库技术	2	32			√					
	社会福利制度	3	48				√				
	刑法	4	64				√				
	社会保障	3	48					√			
	社会学史	4	64					√			
	青年社会工作	2	32					√			
	民事诉讼法	2	32					√			
	老年社会工作	2	32						√		
	刑事诉讼法	2	32						√		
	应用文写作	2	32						√		
	专业外语	4	64						√	√	
	人类行为与社会环境	3	48							√	
	社会政策分析	3	48							√	
	发展心理学	4	64							√	
	经济法	2	32							√	
	人力资源管理	2	32							√	
	社会工作导论	4	64			√					
	个案工作	3	48				√				

续表

类别	课程	学分	学时	学期分配							
				一	二	三	四	五	六	七	八
专业必修课	小组工作	3	48					√			
	社会工作行政	2	32						√		
	社区工作	3	48						√		
专业选修课	管理心理学	2	32			√					
	行政管理学	2	32			√					
	人格心理学	2	32				√				
	人际沟通艺术	2	32				√				
	心理咨询	2	32				√				
	人口社会学	2	32						√		
	劳动法	2	32						√		
	当代中国社会问题	2	32							√	
实践教学	军事训练2周	2		√							
	心理测试1周	1			√						
	社会调查4周	4				√					
	外语专用1周	0					√				
	公益劳动1周	1					√				
	专题讲座3周	3					√				
	公益活动1周	1							√		
	专题讲座2周	2								√	
	社工实践2周	2								√	
	专题讲座3周	3									√
	毕业实习8周	8									√
	毕业论文6周	6									√

表 5 - 10　T 大学社会工作专业学生实习基地概况

地点	序号	实习机构名称	备注
太原市	1	和平街道办事处	非协议性临时实习基地
	2	太原市尖草坪汇丰街道办事处	
	3	太原市职业介绍服务中心	
	4	太原市后王街社区	
	5	山西省精神文明建设指导委员会	
	6	山西省未成年人管教所	协议性长期实习基地
	7	太原市救助站	
	8	太原市福利院	
	9	山西省军休三所	
	10	太原市滨河社区	

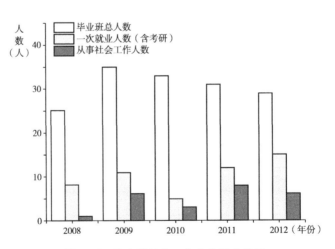

图 5 - 2　T 大学社会工作专业就业状况

综上，T 大学是在积贫积弱、缺乏最基本师资和实验室等软硬件设施的基础上开设了社会工作专业，其最初的目的只是顺应从工科院校向综合类院校转轨的目标。因此，社会工作专业一直作为一种附属和点缀，长期得不到应有的重视和投入，其专业发展程度化较低，再加上经济发展水平和地理位置等各种因素的影响，其专业发展步履维艰。多数学生选择社会工作专业并非出于自己的意愿，他们大多是被"调剂"到该专业的，毕业后的志向也不在于做一名社工。由此可见 T 大学的社会工作教育发展模式是一种"点缀型"模式，这种模式在当下中国设置社会工作专业的高校中具有一定的代表性。

二　社会工作职业本土化检视

专业化与职业化是社会工作不懈追求的目标。1997 年，上海浦东新区率先引进国内首批社会工作专业毕业生到基层工作，并逐步在多个领域设置社会工作岗位，开启了中国社会工作职业化的探索之路。因此，社会工作职业化以上海为试点和中心，逐步向全国尤其是发达城市和地区扩展和推广，在扩散的过程中不断与各地的相关制度安排和经济社会政策相结合，进而形成了特色鲜明的"上海模式"、"深圳模式"和"江西万载模式"等。其中上海模式与深圳模式都属于"政府出资向社会购买服务"的形式，不同的是前者实行了一种高度行政化的与官方机构紧密对应的架构模式，而后者则实行了一种相对去行政化的政府放出资源、社会工作机构参与竞争的模式。此外，江西万载县还创立了"社工＋从工＋义工"的新模式，即县一级有社会工作协会，乡镇

（街道）有社会工作服务中心，村（居）委会有社会工作服务所，村落社区有社会工作服务站，并配备专业化、职业化的社工队伍，还有近千人的本土化从业社工队伍和万余人组成的志愿者队伍。这三种模式有力地助推了中国社会工作的职业化进程，如下我们将以这三种模式为核心，结合一线社会工作者的生命故事来检视中国社会工作职业本土化状况。

（一）上海：政府主导型社会工作发展模式及其检视

上海是中国的经济中心，也是工业化和城市化发展程度较高的城市之一，这种衍生社会工作的先决条件使上海成为中国社会工作的发源地。自 20 世纪末率先推进社会工作职业化以来，上海已经形成一批规模较大、实力较强和影响力深远的社会工作实务机构。这些实务机构在长期的临床社会工作过程中累积了丰富的实践经验，尤其是在矫正社会工作、医务社会工作、学校社会工作、禁毒社会工作和青少年社会工作等领域取得了长足的发展。与此同时，也逐步探索形成了政府运作、社会运作和政社合作等多种社会工作机构运作模式。由于上海的大部分社会工作者起初大都供职于政府主导的几个社团中，而且社会工作服务较多地集中于司法领域，因此，最具代表性的还是政府主导运作模式。因此，我们主要通过阐述政府主导型模式来窥探上海社会工作发展的全貌。

2003 年，为了从源头上减少和预防犯罪，加强和创新社会管理，上海市政法委提出了构建和减少犯罪工作体系。2004 年，在上海市政法委的强力推动之下，按照"政府主导推动、社团自主运作、社会多方参与"

的总体思路，上海市自强社会服务总社、上海市阳光社区青少年事务中心、上海市新航社区服务总站三家专业社会工作组织注册成立。① 如表5-11所示，这三家社会工作服务机构均属民办非营利组织，它们分别以社区药物滥用人员、社区"三失"（失业、失学和失管）青少年、社区服刑和刑释人员为服务对象，分别开展禁毒社会工作、青少年社会工作和矫正社会工作。在强大的政府行政性力量的推动之下，上海的社会工作得到了飞速的发展，"三大社团"成立仅一年时间就被推广到了上海各区县，并建立了1300多人的专职社会工作人才队伍，这在欧美社会工作发展历程当中也是绝无仅有的。这是一种典型的政府主导型社会工作发展模式，如图5-3所示，社会工作机构在行政架构上与我国的行政组织结构是平行的，社会工作机构主要由三级组织机构构成，即决策机构——董事会、监督机构——监事会、执行机构——总干事及各站点社会工作者。政府委托政法委和民政局等执行部门与三大社会工作机构董事会签订"非竞争性购买服务"的协议，政府按照每个社会工作者每年4万元人民币的标准拨款，一线社会工作者的工资、办公经费及活动经费均由区县财政支出。这三个机构分别在区（县）设立社会工作站，在街道（镇）层面设立社工点，在社区安排专业社会工作者开展协议性社会服务。上海市禁毒办公室、上海市社区矫正办公室、上海市社区青少年事务办公室是"政府购买服务"的评估主体，负责对三大社团基本服务、服务数量、服务成果、服务质量进行评估。原则上每年评估一次，每年3月开展，时间不超过15天。评估办法主要是审阅文件、面谈、观察、抽

---

① 彭善民：《上海社会工作机构的生成轨迹与发展困境》，《社会科学》2010年第2期。

查等，评估结果分为优秀、良好、合格和不合格四个等级，评估结果为优秀的予以奖励，不合格的督促其整改。

表 5 – 11　上海市三大社会工作机构概况

机构名称	规模	服务对象	主要服务内容
自强社会服务总社	17 个工作站 170 个工作点 430 名社工	社区药物滥用者、药物替代治疗者	预防教育、提前介入、社区康复、家庭为本的服务、同伴互助辅导、就业基地建设、专业支持小组、美沙酮社区维持治疗、爱心支教
阳光社区青少年事务中心	14 个工作站 160 个工作点 420 名社工	社区失学、失业、失管青少年	青少年创业、青少年升学计划、青春性教育、青少年社会化、青少年心理健康、社区青少年夏令营、外来务工人员子女融入、农民工子弟学校服务
新航社区服务总站	18 个工作站 200 个工作点 460 名社工	社区服刑人员、刑释人员	社区矫正、犯罪干预、心理辅导、危机介入、家庭辅导、社区融入

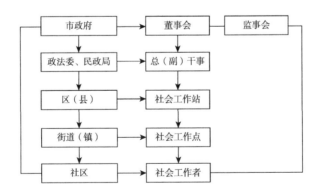

图 5 – 3　上海政府主导型社会工作发展模式

　　上海社会工作发展模式是一种具有中国特色的政府主导型发展模式。这种模式优劣鲜明，从优势层面看，一方面，国家依靠强大的行政力量可以高效快捷地推进社会工作职业化，并推动社会工作者进驻社区，使其能够在短期内获得社区居民的接纳和认同；另一方面，政府通过购买服务提供持续稳定的资金支持，这一点消除了社会工作机构资源短缺的后顾之忧，保障了社会工作服务的长期有效开展。从不足层面看，其一，上海模式实行的是"非竞争性购买服务"，政府主要向固定的自强、阳光和新航等社会工作机构购买服务，这种格局使得其余社会工作机构难以参与到竞争中来。这在一定程度上形成了社会服务的单一性和垄断化，导致服务效率低下，难以满足多数社区居民多样化的需求。其二，上海模式属于一种"政府支配模式"，从资金支持到监督评估全部由政府主导参与，强大的政府行政干预弱化了社会工作机构的主体性与灵活性。从某种程度上讲，社会工作机构存在一种"交功课"心态，它们完成政府的行政性任务更甚于为社区居民提供科学和专业化的社会服务。其三，按照欧美社会工作的发展经验，社会工作组织应该是介于政府和民众之间的第三方组织，是维系国家与社会的桥梁和纽带，也是代表民众面向国家的政策呼吁者和倡导者。而上海社会工作发展模式中，政府的过多介入和干预使社会工作在不同程度上落入准政府的工作环境里，一些社会工作者的工作方式呈现出机关化特征，有的甚至被居民称为"二警察""二综合治理员""高级协管员"等。由此可知，上海模式有效地发挥了中国政府强大的行政力量优势，但过多的行政干预也对中国社会工作的独立发展提出了新的挑战。

（二）深圳：市场竞争型社会工作发展模式及其检视

深圳是中国改革开放的窗口，也被誉为中国社会工作的"黄埔军校"。2007 年伊始，深圳在上海模式的基础上选择了一条不同于上海的发展路径，其实质上是一种政府出资、社会工作机构参与竞争的市场化运作模式。概括而言，深圳社会工作发展主要经历了组织领导 - 宣传动员 - 制度建设 - 培育组织 - 开发购买岗位 - 评估监管六个环节。① 在组织领导方面，深圳市委和市政府高度重视社会工作发展，专门成立了社会工作领导小组，市委副书记任组长，市委组织部长、市委秘书长和分管副市长任副组长，吸纳市委组织部、市民政局、市财政局、市人事局和各区等约 30 个单位作为成员单位，并在市民政局增设社会工作处。这些领导机构的成立对于推动社会工作发展起到了积极的作用。在宣传动员方面，深圳市委组织了以社会工作为主题的理论中心学习组，邀请社工专家为市、区和街道相关负责人讲授社会工作知识，并聘请内地、香港和台湾资深社会工作者对民政系统工作人员进行实务培训。一系列的学习和培训使得社会工作知识逐步深入人心。在制度建设方面，深圳市政府推出了著名的社会工作"1 + 7"文件，主要内容包括推进社会工作人才队伍的职业化和专业化，大力开发社会工作岗位，发挥社会公益性民间组织的作用，建立社工、义工联动机制，切实加强领导和保障，建立公共财政支持体系等。这些文件为深圳社会工作发展构建了制度性框架，确立了以"政府推动，民间运作"为主要特征的深圳社会工作发展模式。在培育组织方面，为了繁荣发展社会工作组织并使其积极参与到政府购买社会服务的竞争中，深圳市政府出台了《关于进一步发展和规范深圳市社会组织的意见》，降低慈善和社会服务组织的登记门槛，简化各种审

---

① 民政部社会工作司：《城市社会工作研究》，中国社会出版社，2011，第 55 页。

批程序，从而使深圳社会工作组织在短期内出现了蓬勃发展之势。表
5－12为深圳近年来的主要社会工作机构。在开发购买岗位方面，深圳市
政府主要在民政、司法、教育、残联、社区、医院、禁毒、信访、计划
生育和人民调解等领域设置了社会工作岗位。2009年，全市共有在岗社
工850多名，每个岗位的购买标准是每名社工每年7万元，其中市一级购
买岗位经费来自市福利彩票公益金，区一级主要来自区政府财政支持。
当然深圳在社会工作发展初期以购买岗位为主，未来政府将以购买项目
为主，以购买岗位为辅。在评估监管方面，深圳市相继出台了社会工作
购买服务合同、招投标规则、社会工作机构行为指引、社会工作机构考
核评估办法等文件，从制度上保障社会工作的有序运行。深圳社会工作
评估主要采用多元主体参与评估的方式，评估参与主体有市区主管部门、
市社工协会、用人单位、香港督导和机构社工。此外，还从香港民间社
工服务机构聘请31名专业督导为深圳社工提供业务指导、心理支持、情
绪抚慰及行政督察等工作。

表5－12　深圳主要社会工作机构概况

序号	社会工作机构	序号	社会工作机构
1	深圳市鹏星社会工作服务社	11	深圳市铭晨社工服务中心
2	深圳慈善公益网	12	深圳市龙岗区正阳社工服务中心
3	深圳市人本社工服务社	13	深圳市东西方社工服务社
4	深圳市龙岗区龙翔社工服务中心	14	深圳市润鹏社会工作服务社
5	深圳市现代社工服务中心	15	深圳市龙岗区春暖社工服务中心
6	深圳市温馨社工服务中心	16	深圳市春雨社会工作服务社
7	深圳市社联社工服务中心	17	深圳市融雪盛平社工服务中心
8	深圳市宝安区尚德社会工作服务中心	18	深圳市盐田社工服务中心
9	深圳市龙岗区彩虹社工服务中心	19	深圳市北斗社会工作服务中心
10	深圳市日月社会工作服务中心	20	深圳市希望社会工作服务中心

资料来源：http://www.docin.com/p－92392988.html。

综上所述，深圳社会工作模式是一种市场竞争型发展模式，政府出资设置岗位和项目，社会工作机构通过市场竞争的方式获得政府的委托和授权进而开展服务，政府组织相关主管部门、社工协会、服务接受单位、香港督导和机构社工等多元主体进行评估（见图5-4）。

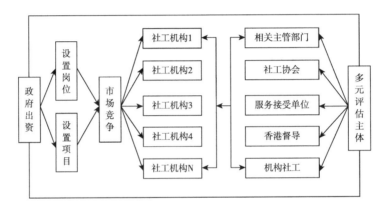

图5-4　深圳市场竞争型社会工作发展模式

由此可见，深圳社会工作模式遵循的是一种"竞争性购买服务"的市场化运作逻辑，政府在其中主要承担制度保障、资金支持和评估监督的功能。这种模式相较之上海的"非竞争性购买服务"具有一定的优越性，有利于促进社会工作机构的快速发展，也有利于激发其积极性、主动性和灵活性。然而，深圳模式也存在着一些问题和不足。首先，虽然深圳政府向社会购买服务理论上遵循的是一种市场竞争机制，但在实际操作中政府的干预痕迹依然明显，社会工作机制在一种相对封闭的状态中运行，所有的服务都由政府购买，社会工作机构只要与政府搞好关系就能拿到"订单"，其服务对象不具体、不明确，工作质量也很难量化与考核。① 其次，深圳的社会工作机构是一种制度性刺激的产物，在短暂的2～3年时间里就成立了近30家社工机构，这些机构大部分是在缺乏专业社工和督导的基础上建立起来的。按照发达国家的经验，社会工作是一个专业的机构，有需求的服务对象可以到机构寻求帮助，是一个先有需求、后有服务的过程，而深圳的社会工作机构则是先由政府"埋完单"，才去找服务对象。再次，深圳社会工作机构的专业性与服务有效性还有待进一步提升，一线社工大部分为社会工作或相关专业的毕业生，他们对于社会工作的了解多数停留在理论层面，较少经过正规的实务训练，再加上人生阅历和社会经验的不足，面对众多的社会问题显得力不从心。此外，由于薪资低廉和晋升空间狭小，社工流失现象较为严重。最后，社会服务市场化在美国已有前车之鉴，它导致社会工作机构追求部门利益胜于关注服务对象利益，深圳的许多社会工作机构沉浸在各种大大小小的"项目"当中，其服务效果虽然有多元主体评估，却缺乏受众的评估。此外，政府的投入与取得的社会效益也不平衡，深圳以每个社会工作者每年7万元的标准购买服务，但其服务效果却值得反思。因此，也有人提出还不如将社会工作庞大的资金投入直接投给有需求的弱势群体，更有益于问题的解决，当然，这只是一种理想的说辞，但也足以让我们认识到深圳社会工作发展存在的弊病。

（三）万载：政府包揽型社会工作发展模式及其检视

万载县位于江西省西北部，全县总面积为1719.63平方公里，其中城

---

① 李迄：《三问深圳社工制度》，《深圳商报》2012年2月21日。

区面积 8 平方千米，下辖 16 个乡镇、1 个街道，有 16 个居委会、181 个村民委员会、3373 个村民小组。全县近 49 万人，农业人口数为 38.1 万，外出务工人员 5 万余人，农民年人均纯收入为 3500 多元。① 由于地域、经济和社会发展因素的制约，万载县农村不同程度地存在着"三留"（留守儿童、留守老人、留守妇女）、"三化"（农村兼业化、经济空心化、人口老龄化）、"三缺"（生产缺人手、致富缺技术、创业缺资金）、"三差"（环境卫生差、精神生活差、文体设施差）和"三多"（贫困人口较多、矛盾纠纷较多、赌博活动较多）等现实问题，② 这些社会问题的存在对万载县发展社会工作提出了客观的要求。2007 年，万载县被民政部确定为全国首批社会工作试点单位，自此开始了社会工作的探索进程（见图 5 - 5）。

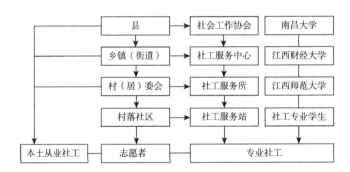

图 5 - 5 万载县政府包揽型社会工作发展模式

首先，万载县颁布了《开展社会工作人才队伍建设试点工作的实施方案》，依靠行政力量确定试点单位并设置社会工作的基本框架，在县一

---

① 民政部社会工作司：《农村社会工作研究》，中国社会出版社，2011，第 60 页。
② 民政部社会工作司：《农村社会工作研究》，中国社会出版社，2011，第 61 页。

级设立社会工作协会、乡镇（街道）设立社会工作服务中心、村（居）委会设立社会工作服务站，并设置了专门的社会工作岗位。主要服务项目为矛盾纠纷调解、文体活动指导、困难救助、权益维护、心理辅导、环境卫生服务等。为保障这些部门的正常运转，县财政还提供了 20 万元的专门经费预算，以后每年增加 5 万元，并从县福利彩票公益金中提取 30%，从慈善捐款中提取 30%，从福利企业减免税中募捐 8% 用于社会工作发展。① 其次，社会工作试点机构中的工作者除了雇用个别的专业社会工作者，主要由本土社会工作从业人员担任，如民政系统工作人员和乡镇、社区和村干部等。为了鼓励体制内人员从事社会工作，万载县规定，事业单位在编在岗的从业人员取得社会工作者职业水平证书并按所设社工岗位受聘后，按相应级别发放工资，村（居）委会干部取得社会工作师职业水平证书的每月加 40 元津贴，取得助理社工师职业水平证书的每月加 20 元津贴。为了弥补本土社会工作从业人员专业性的不足，万载县引进江西高校的社会工作专业师生开设实习基地，发展出了“社工 + 从工 + 志愿者”的工作模式，具体概括为“1 + 3”，即一名社工专业学生带一个民政干部、一个试点干部和一个志愿者，这样形成一种专业社工与本土从工和志愿者相结合的模式，便于为居民提供更好的服务。再次，为了推动社会工作发展，万载县一方面以民政局为依托，成立独立的社会工作机构“百合社会工作服务中心”；另一方面，将社会工作发展状况纳入街道（乡镇）工作政绩考核。最后，万载县尝试将专业社会工作方法与本土实际服务相结合，既体现了专业性又力图与本土实际相契合。

---

　　① 　民政部社会工作司：《农村社会工作研究》，中国社会出版社，2011，第 63 页。

例如，在扶贫工作和"五保"老人服务中引入了个案工作"一对一"的帮扶和探访，在留守儿童和妇女工作中采用小组支持的方法介入，在社区发展中积极培育社区精英，充分挖掘社区"五老"（即老党员、老干部、老知识分子、老军人、老农民）的领袖作用，鼓励社区居民参与和决策社区的发展。

综上可知，江西万载模式本质上是一种政府包揽和体制内改造的发展模式，这种模式的优势有两个。其一，有效利用政府行政力量，在体制内培育和催生社会工作机构和社会工作者，投入少而见效快；其二，万载模式主要是基于农村社会工作实践探索而形成的，这是一个全新的领域。"1＋3"模式和本土经验的挖掘对于开展中国农村社会工作具有一定的借鉴性。即便如此，由于发展的仓促性和各种基础条件的制约性，万载模式不可避免地存在几方面的问题和不足。第一，万载模式中的社会工作机构只是一种体制内的改造和变种，并没有真正专业的社会工作机构可以依托，而其机构工作人员多为本土从工，其专业社会工作者较为缺乏，其服务的专业性和科学性还有待进一步提升。第二，万载模式将专业社会工作者和督导的责任寄希望于高校社会工作专业学生，实行社工专业学生带动从工和志愿者的工作模式，这样可以有效地整合和利用人力资源，促进专业手法与本土经验的融合。然而，专业学生的实习时间毕竟是有限的，他们大部分的时间需要在校园应对繁重的学业，而且专业学生本身缺乏实务经验和社会阅历，难以胜任督导和专业社工的角色。第三，专业性和职业化程度较低。万载模式中的社会工作者仍以体制内的雇员为主，所以在一定程度上仍然是一种行政性的社会工作，其专业理念、价值、理论和实务技巧等尚未成型，其服务方式和领域的零散性和随意性较大。此外，由于行政保护主义的存在和薪酬低廉，难以吸引专业社会工作者，社会工作发展缺乏活力。第四，万载农村社会工作实践是一种全新的探索和尝试，在农村人口占大多数的中国社会具有前瞻性和开创性意义。然而，这种社会工作尚处于起步阶段，还不够完善和成熟，尤其是在应对农村突出的社会问题上，如留守妇女、儿童问题和农村反贫困方面，并未形成一套行之有效的本土经验和策略。因此，探索农村社会工作本土经验将是万载模式面临的长期性议题。

三　社会工作者的生命故事叙述与探究

叙事，顾名思义就是讲故事，个体经常以内部独白或第一人称的身份讲述自己的过往经验和经历，这种经验和经历往往被当事人放置于连续性的时间架构中，通过故事的形式呈现出来。经验性故事具有两个特征，一是连续性特征，当下的经验来自过往的经验，并投射到未来，形成未来的经验；二是社会性特征，经验故事是个体的生命历程和体悟，是人类行为与社会环境交融互构的结果，一定程度上也是社会环境和制度的表征与彰显。因此，讲述个体的生命故事一则可以找到自身的连续性、主体性，激发生命动力，二则可以窥探人的社会制度和结构，以期更好地调适个体与社会环境二者之间的关系。鉴于此，叙事常被社会工作者用于临床辅导和治疗当中，用生命影响生命，发展出一种全新的社会工作模式——叙事治疗。在此，我们将叙事移植到本研究中，与叙事治疗不同的是将一线社会工作者作为讲述故事的主体，将社会工作者的职业生涯作为故事的主题，从而形成三个维度，一是时间维度，社会工作者以一种时间的连续性作为讲述故事的主轴；二是社会工作者与社会环境的维度，即社会工作者如何与社会环境互动？社会环境对社会工作者的行为有何影响？三是空间维度，社会工作者在各种空间场域如教育场域、实务场域、生活场域中表现如何？通过这三个维度来叙述社会工作者的生命故事，进而窥探和检视社会工作本土发展的脉络与情形。

（一）社会工作者的职业生涯与心路历程

D姑娘，31岁，中国较早的社会工作专业本科毕业生，曾在上海、深圳等地从事一线社工，并考取了社会工作中级职业资格证书，主要服务领域为农民工和下岗工人问题，现为深圳一家社会工作服务中心的副总干事兼专业督导。以下是她个人的职业生涯和心路历程回顾，从某种程度上讲，她的微观生命故事是与中国社会工作的宏观发展历程相融合的，其二者的生命历程是平行发展的，因此其生命故事也是中国社会工作发展的一部分。

> 我是一个农村出生的孩子，小时候目睹了太多弱势人群的苦难，我听到过孤寡老人饥饿难耐的哭喊，也看到过许多承担不起高额医药费的病人在家中等死，还见到了智障妇女被当作商品一样买卖等。也许是现实的苦难使我从小就有一颗怜悯弱者的心，冥冥之中注定以后会成为一名社会工作者。然而，真正促使我走上社会工作之路的却是很偶然的一些因素。1997年高考失利，由于家境并不富裕，本来打算放弃补习去南方打工，后来在班主任老师的劝说之下，父母同意我再复读一年。1998年，高校开始扩招，我报考了南方一个学校的外国语学院英语专业，虽然成绩达到了二本线，但收到的录

取通知书上却说被调剂到了社会学系的社会工作专业。当时，社会
工作对于大部分人来说是非常陌生的，再加上互联网并不发达，我
对社会工作连基本的概念都没有，只是听人说这种专业毕业后就是
做社区老大妈、老大爷做的工作。当时听了有些沮丧和失落，但终
究还是选择去读，因为作为一个农民子弟，上大学是最好的出路。
1999 年 9 月起，我开始了我的大学生活，到了学校才知道社会工作
专业的学生有八成以上是从其他专业调剂过来的。当时社会学系里
连一个有社会工作专业背景的老师都没有，大部分社会工作老师都
是从社会学和心理学专业转过来的，课堂几乎完全被各种形形色色
的理论所占据，而且讲述的基本是以英美和港台为背景的知识，离
中国的现实非常遥远。不仅如此，社会学的老师大都瞧不起社会工
作，在言谈举止之间都流露着对社工实务的不屑。一些社会学的老
师说，他们事实上也不懂更不愿从事社会工作的教学和研究，但是
社会学专业进高校太难了，为了进高校他们才答应系里，来了之后
从事社会工作专业教学和研究。实际上，进入高校后，他们都没有
真正转向社会工作，社会工作只是许多人进高校的"敲门砖"而已。

　　我们有时和社会学的学生一起上课，难免被他们奚落为"未来
的社区老大妈"。所以，一学期下来许多社会工作学生要么退学复
读，要么申请转专业，多数转到社会学或管理学专业。有时系里也
安排我们到社区和老年福利院、儿童福利院实习。由于老师们并不
知道如何督导学生实习，这些机构的工作人员也从来没有听说过社
会工作，因此，他们并不知道给我们安排什么工作。在社区，我们
一般是打扫卫生和帮助做一些文字录入、文件整理的工作；在老年

和儿童福利院主要是陪老人聊天和下棋，带儿童去娱乐园、做游戏等。2003 年毕业的时候，除了一些高校招聘社会工作教师之外，几乎没有用人单位招聘社会工作专业毕业的学生。有极少数同学去高校做老师，有的考取了社会学研究生，也有的考取了公务员，大部分都去了公司企业。几乎没有人从事与社会工作相关的职业，我暂时去了一家小型广告公司，主要从事广告策划和文秘工作。

2004 年，上海开始推行社会工作，政府主导的社会工作机构主要有阳光、新航和自强三家，这些机构开始面向社会招聘专业社会工作者。听到这个消息，我兴致勃勃地带着个人简历去应聘，却被告知"只招收具有上海市本地户口的人员"，对于专业背景是否是社会工作并不做要求。2006 年，十六届六中全会提出建设宏大社会工作人才队伍的目标，上海、广州一些大城市率先开始发展社会工作，上海的招聘逐步开始淡化户籍问题，我辞掉工作应聘到上海一家草根 NGO 组织从事一线社工。然而，现实总是残酷的，中国的草根组织发展非常艰难，只有拿到各种项目支持才能维持基本的生存，因此大多数的时间我们会忙于撰写项目申请书和准备各种应付评估的资料。我们主要根据国家倡导和大众关心的热点社会问题开展工作，如城市下岗工人再就业问题、农民工社区融入问题、残疾人心理康复问题、青少年网络成瘾问题、留守妇女儿童问题、失独老年人问题、灾后重建问题、癌症患者临终关怀等。面对这些非常现实的问题，我与同工们会面临很多的痛苦与挣扎，一方面，书本上学来的各种西方价值、理论与方法基本上没有太大用处。例如，在个案工作中，社工强调去专家化和当事人自决原则，而许多求助者有意无意地将社会工作者当作专家。他们总是抱着寻找社会工作者解决问题的态度而来，而且许多问题都是非常现实的，没钱看病、无钱上学、房屋被拆迁、农民工工资拖欠等。针对这些涉及制度和政策的问题，我们真的无能为力。在小组工作中，虽然强调社会工作者的去中心化，但组员们都习惯于把社会工作者当作焦点和中心，习惯于听从社会工作者的指挥。除了一些儿童和青少年，大部分人不太愿意参加小组游戏，在游戏中也显得很拘谨和不自然，而且许多人不会坚持太久，一般参加 1~2 次就不再来了，因为我们大部分时间在处理情绪和认知问题，而他们需要的是能切实解决现实问题。在社区工作中，西方所倡导的依靠社区居民来参与和决策本社区的发展在中国是很困难的。因为中国的社区精英大部分时间在单位，社区里多为老、弱、病、残人士，他们参与社区活动多为凑热闹，至于社区的发展，他们始终认为是国家和政府的责任。另一方面，我们的服务也是表层的和断续性的，一般只是为了完成项目，项目结束后就意味着开始寻找新的服务项目，所以很难真正站在当事人的立场上考虑问题。

2008 年，深圳的社会工作开始迅速发展，我通过了中级社工师考试，后来到深圳一家社会工作机构工作。虽然社会工作已经发展得较为成熟，但依然存在很大问题。我们在实务中主要依靠欧美和香港地区的模式，并没有思考本土模式。香港的一位老师说："社工是派发创可贴的。"的确，我们只能舒缓一些表层问题，很难切实解决实质性的问题。但为了专业的发展我们还要拼命地强调我们是专业的、科学的，事实上，究竟专业的、科学的与非专业的、本土的在实际服务中哪个更有效，恐怕许多社会工作者自己都说不清。此外，近几年深圳的社工流失现象非常严重，在机构中干到三年以上的社工非常稀少，主要原因是薪酬太低和晋升无望，试想现在的大学生谁会将一个每月 2000~3000 元的工作视为终身职业，而且每天还要面对许多的"问题人"。2010 年，我去香港进行了为期两个月的学习和培训，在东华三院赛马会一个老人福利机构中遇到一个从业近 20 年的社工，我问是什么力量在支持、支撑着她在社工路上前行，她指着天空说是 Being（上帝）。我接触到的社会工作者基本都信奉天主教或基督教，我才真正明白，促使香港社会工作者坚持的不只是较好的待遇和完备的社会工作制度，更重要的是宗教信仰。当然，这可能离中国内地的现实很远，但树立中国内地社会工作者的价值和灵魂，真正立足本土，探讨本土的服务模式恐怕是未来最重要的任务之一。我从事了 6 年的社会工作，以后的路会怎样我也说不清，但可能会在充满挑战和坎坷的社会工作道路上继续前行。（访谈资料 DWJ - 20120905）

上述 D 姑娘的生命故事叙事与中国社会工作发展的宏观背景是相关联的，在某种意义上以一种鲜活的形式重现了中国社会工作发展全景的一隅。她个人在社会工作道路上的成长路径或许会使多数社会工作者看到自己的影子，她面临的问题或许是多数社会工作者面临的共性问题，她的苦痛和彷徨或许也是多数社会工作者已经、正在或即将经历的。她的职业生涯和心路历程促使我们必须保持一种警醒，第一，中国的社会工作是在一种积贫积弱的基础上发展起来的，高等院校在缺乏基本的师资和实验室等软硬件条件的情况下开设专业，而多数学生选择社会工作专业并非自己的意愿，他们多数是被"调剂"和推向了该专业，毕业后的志向也并不在于当一名社会工作者；第二，中国的社会工作机构多数被"项目所绑架"，它们在实务领域片面地强调专业性和科学性，单纯地模仿欧美和港台模式，有意无意地忽视了本土性，并没有真正立足于本土开发和提炼本土工作模式；第三，中国的社会工作者生存艰难，薪酬低廉，社会认受性较低，亦缺乏价值支撑和专业灵魂；第四，中国社会工作解决社会问题的有效性和局限性还有待进一步探讨。因此，实施真正立足于本土发展的社会工作将是未来需要面对的重要议题。

（二）社会工作的实务模式回顾与反思批判

L先生，30岁，社会工作硕士（MSW），曾在深圳一家社会工作机构从事一线社工两年，取得中级社会工作职业资格证书。现为北京某高校社会工作专业教师，主要承担学生实习督导工作。以下是他结合自身从事社工和督导的经验对社会工作实务层面的一些反思和批判，这些反思和批判或许可以从某种侧面折射中国社会工作实务领域的冰山一角。

我是一个对社会工作实务比较感兴趣的人，所以主要围绕实务方面做一些回顾和讨论。

2004年，我报考了北京一所高校的社会工作专业。当时我对社会工作一无所知，之所以报考主要基于两方面的考虑，一是社会工作专业录取分数线比较低；二是据说该学校的毕业生进到公务员系统工作的概率比较高。进入大学之后才知道，我们学校的社会工作专业在国内具有一定影响力，许多老师都有在香港或国外学习的背景和经历。老师们上课的形式大多灵活多样，不只是单纯地讲授理论，更多采用一些角色扮演、小组讨论的形式，如个案工作中"社工与当事人"的辅导演示、小组工作的游戏活动等，使人在一种轻松愉快的气氛中度过一堂课。不仅如此，老师们持有一种平等和接纳的价值理念，鼓励我们表达和分享自己的感受，没有对错和好恶的评判，让人有一种被尊重和被重视的感觉。由此，我开始逐渐喜欢上这个专业，特别是社会工作实务课，在课堂上我们学习了个案工作的心理社会治疗模式、精神分析治疗模式、行为主义治疗模式和家庭结构治疗模式等，小组工作的社会目标模式、互惠模式和治疗模式等，社区工作的社区计划、地区发展、社区运动和社区照顾等模式；也不断地演练开展个案、小组和社区工作的各种方法和技巧。因为，在课堂上是一种练习，所以同学们彼此之间配合得比较默契，不自觉地会有一种成就感。在社区实习中，我们迫不及待地想把各种模式应用到实际工作中，令人沮丧的是现实并非那么简单，这些来源于欧美的工作模式在中国本土多是"水土不服"的。如在家庭矛盾处理中，理论上可使用家庭结构治疗模式，社会工作者介入家庭内部，让家庭成员重现其家庭沟通方式，厘清家庭边界，进而化解成员之间的矛盾。而事实上，中国的家庭是血浓于水的，而且家庭成员之间的关系是纠缠不清的，没有所谓的"边界"。他们深谙"家丑不可外扬"的道理，让我们这些人卑言微的"外人"介入其中是不太可能的，更不可能让其重现家庭的沟通模式。在这方面，我们真的不如社区的大爷大妈，因为他们非常熟悉各个家庭的情况，也了解家庭各个成员的秉性，他们凭借自己的威望和判断可以"责骂"家庭成员，并以一种息事宁人、"各打五十大板"的方式消除家庭矛盾。这些使我开始警醒与反思欧美社会工作模式在中国的适用性。

2008 年，大学毕业后我在深圳一家社会工作机构从事一线社会工作服务，对于欧美社会实务模式与本土实际契合性的质疑更加强烈。深圳的社会工作机构还存在着诸多问题，一些机构为了维持日常的运转往往会申请过多的项目，实际上并没有足够的社会工作者来承担和完成这些项目。因此，社会工作者将大部分的时间和精力用在项目申请书和评估报告的撰写上，有时甚至动用志愿者一起编制服务方案和服务记录，以便应付政府的各种检查、评估和观摩。为了凸显这些文件资料的专业性和科学性，往往会引用和放大大量的实务模式，如使用心理社会模式介入留守儿童工作，使用危机介入模式介入大学生自杀干预工作，使用小组治疗模式矫正吸毒人员工作，使用理性情绪治疗抚平留守妇女的情绪，使用存在主义模式激发农民工的主体性，使用灵性社会工作对丧亲者进行哀伤辅导等。这种专业性的词语和模式更容易给政府和资助者耳目一新的感觉，所以更容易获得项目。事实上，在实际的项目运作中几乎没有使用这些模式，或者说即使社会工作者尝试使用也是很难进行下去的，因为他们根本就没有考虑西方实务模式在中国本土如何应用。夸张一点讲，社会工作机构基本上只能完成项目所承诺的 60%，有 40% 没有做，主要是靠编出来的。不仅如此，社会工作者在项目实施中缺少专业实用的理论指导，随意性较大，今天做游戏、明天春游、后天讲故事，将活动手段作为一种活动目的。在深圳社会工作机构工作了两年，我看到了中国的社会工作者与香港社会工作者的区别。

深圳多数社会工作者对这项工作的认同度并不高，再加上薪酬低廉和晋升无望，许多人只将其作为一种暂时的职业，不可能像香港的社工一样专心致力于实务工作，专业和自我不断获得成长。当然，也有一些社会工作者在实务中摸索出了较为成功的经验，但由于其流动性强和自身理论提升能力的不足，这些成果经验没有较好地提炼出来。因此，可以说真正意义上的中国社会工作实务探索还没有开始。

2010 年，我考取了北京一所高校的社会工作专业硕士（MSW），同时被另一所高校聘为编外实习督导教师。个人觉得读社会工作硕士还不如本科期间做实务的机会多，一个班好几十个甚至近百个研究生，基本上还是参照学术型硕士模式在培养专业硕士。导师们大都忙于科研和教学任务，对于实务并不感兴趣，因为学校主要把论文、著作和课题作为考核指标，实务连参考指标都算不上。因此，我大部分时间在督导本科生实习工作，在督导学生实习的过程中，我开始深入思考社会工作模式本土的应用问题。因为我们面对的当事人遭遇的问题是异常复杂的，一般表面的情绪性问题当事人并不认为是问题，他们面对的往往是制度的不公平、政策的不合理、社会的不公正和权力的滥用等深层次的问题。对于这些问题，西方社区工作中倡导的社区运动模式应该是积极有效的，社区运动模式倡导受到社会不公正待遇的群体团结起来，在社会工作者的组织和指导下通过公开辩论、静坐和游行示威的方式迫使政府和企业改变政策，从而获得公正的待遇。然而，这样的模式在一个对于群众运动高度敏感的中国社会，几乎是难以实行的。我督导的学生经常会向我抱怨："社会工作在中国是没有用的……不懂社工的时候我们还愿意做社工，懂得社工之后我们再没有信心做下去了……"我理解他们这么说的原因，因为他们遇到了太多的弱势群体，目睹了太多的现实困境，而缺少资源的社会工作者对这些问题是爱莫能助的。此外，近几年兴起的高校教师办社工机构的问题，从理论上讲老师们将理论与实务结合在一起是一个比较好的路径。然而，现实中老师们开设机构之后就已经不再是研究者，而成为老板，他们要不停地寻找资源和项目以维持机构的运转，研究的使命早已被抛至脑后，因此，至今很少能看到老师们在本土实务方面的研究成果。以此看来，社会工作服务的本土探讨依然是一个艰巨的问题，相信会受到越来越多的社会理论和实务领域的重视。

L先生对于西方社会工作实务模式与中国本土契合性的思考，从某种程度上折射出中国社会工作实务的现状与困境。事实上，西方社会工作实务模式是社会工作者在长期的临床社会工作中不断总结、凝练和升华的结果，它与西方的主流价值、制度结构、社会现实和受众的实际需求是相吻合的。如果忽视这种社会工作模式的萌生环境而强行套用到中国社会的现实中，必然会出现各种各样的"水土不服"。由此看来，社会工作的专业化不能只停留在表达性层面，而且要落实到中国社会的现实情境中，是中国社会工作的专业化。总体而言，中国社会工作实务方面还存在着较大的问题，社会工作研究者和实务者主要还是以欧美社会工作实务模式为蓝本，再加上高校的研究者被"科研成果"所羁绊，而实务者则被"项目数量"所绑架，致使中国的社会工作实务并没有真正扎根于本土而提炼出本土模式。这恐怕是未来制约中国社会工作发展的问题。

综上，我们从社会工作教育、社会工作职业和社会工作实务方面对当前中国社会工作本土化状况进行了逐一的检视。通过检视可以发现，中国社会工作的本土化还存在着诸多问题，例如，表达性与现实性的冲突、理论与实务的断层、教育与职业需求的脱节、专业性与本土性的张力、专业身份与现实自我的拉扯、福利性和营利性的对立、行政干预与机构独立发展的博弈、专业理想与社会现实的差距、西化与本土的水土不服等。最重要的是部门利益、社工自身利益与民众利益的纠缠不清。这一系列的问题无疑暴露出中国社会工作"大跃进"式发展路径带来的问题。从某种程度上说，中国社会工作尚处于一种粗放型发展阶段，并没有真正实现本土化，或者说还没有真正立足于本土现实境况，进一步深入细致地探索与本土性助人工作的融合发展问题。

第六章　中国社会工作土生化之探讨

本土化是一个富有争议性的概念，概括而言，一般有两种不同的观点。一种观点认为，不能单纯依赖西方专业社会工作来应对和处理中国的现实问题，毕竟东西方在文化价值、政治制度、社会发展和民众需求方面存在诸多差异，因此需要一个本土转化的过程。另一种观点认为，欧美与中国的差异固然是存在的，但是远没有本土化倡导者渲染的那样明显。第一，现代性逐步消除了东西方的诸多差异；第二，毕竟英国人、美国人、中国人都有其人类共性的需求；第三，本土性助人工作相较欧美社会工作确实存在非专业化和落后的一面，因此，没有必要过度地强调本土化问题。这两种观点都有其合理的一面，虽然二者对本土化的倚重有所不同，但似乎都不排斥探讨欧美专业社会工作与中国本土的契合性问题。契合性不仅涉及"欧美专业社会工作"和"中国本土现实"两方，还要牵扯到第三方"本土性助人工作"。事实上，在中国社会工作发展的现实境遇中，专业社会工作与本土助人工作始终是并行交织的，因为专业社会工作最初是嵌入在本土助人体制框架之中的，虽然二者会此消彼长、融合冲突、优劣对抗或互补，但绝对的分离状态是不存在的。在社会工作发展伊始，专业社会工作居于主导地位，它被赋予"专业科学"的光环和"构建和谐社会"的使命，而本土性社会工作虽然也发挥着固有的助人作用，却被矮化为"非专业"和"非科学"工作，受到冷落。随着社会工作发展的逐步深入，本土化成为主导性的话语，专业社会工作与本土的矛盾开始凸显，改造专业社会工作使其适应本土开始提上日程。虽然它也倡导专业社会工作的契合性和本土性助人工作的重要性，但其社会工作价值、概念、理论和技术等框架是以专业社会工作为中心的。因此，本土化依然存在着难以契合的问题，为了透视未来中国社会工作的发展状况，我们尝试使用"土生化"的概念。土生化有两方面的含义：其一，土生化是一种过程，是本土化发展的高级阶段，即本土性助人工作融合了专业社会工作的理念、模式和技巧而发展出了本土的社会工作模式；其二，土生化是一种状态，是一种深度的本土化，是以本土的价值理念、知识技巧和受众需求为中心的社会工作，是欧美模式向中国的迁移。以此为进路，以下我们将进一步探讨中国社会工作本土化存在之问题和土生社会工作的建构路径。

一　专业社会工作的局限性与本土化的"绞溢病象"

台湾学者杨国枢在社会科学本土化研究中对契合性做了经典的阐释，他认为，"研究者的研究活动与研究成果与被研究者的心理及行为及其生态、经济、社会、文化历史脉络密切或高度配合、符合及调和的状态，即本土契合性（或本土性契合）"。① 借此概念来看社会工作本土化问题，专业社会工作源于西方政治、文化、社会和历史语境中，其价值、理论、模式和技巧都衍生于西方框架之中，与西方人的价值追求和道德指向是一脉相承的。若将其移植于中国社会境遇中，是否要考虑中国社会的特殊性？若忽视差异性强行将其移植于中国社会境遇中，是否会契合？这是当前中国社会工作发展必须面对的问题。诚然，以西方社会为主导的现代性正逐步地消解着非西方社会的特殊性，但杨国枢认为，并非所有的特殊的和本土的社会特性都会一概地被一些现代的特性所取代，社会本来特殊的和本土的特性始终不会全部消失。② 由此看来，社会工作是否要本土化已经不是问题，如何本土化才是问题。因此，我们将从学理上分析专业社会工作在中国本土的阈限，并进一步讨论当前社会工作本土化存在的问题，以此为依托，为探索社会工作土生化的路径和策略奠定基础。

（一）专业社会工作在中国的局限性

众所周知，专业社会工作是一个系统性和科学性的体系，它主要涵盖哲学基础、专业伦理、理论基础、专业方法、实务模式、实务技巧、社工角色诸多要素。如图 6 - 1 所示，这些要素之间相互联系，环环相扣，依序

图 6 - 1　专业社会工作体系模型

① 阮新邦：《从诠释的角度评杨国枢的本土化社会科学观》，阮新邦、朱伟志编《社会科学本土化：多元视角解读》，八方企业文化公司，2001，第 55 页。

② 杨国枢：《传统价值观与现代价值观能否并存？》，杨国枢编《中国人的价值观——科学观点》，桂冠图书公司，1993，第 118 页。

拾阶而上，下一方的存在是上一方存在的基础与依托，从而组合成为专业社会工作的有机体。这种有机体与欧美的文化背景、历史脉络、政治制度、社会现实和人的需求是相吻合的。由于中国人的历史、文化背景是与西方社会有着重大差异的，那么究竟我们从西方所大量吸纳的概念、理论、社会研究方法甚至研究成果，在多大程度上可以被应用在这些脉络里呢？实务社会工作的情况也一样，它运用的理论很多也是源自西方，是在西方的社会脉络里酝酿出来的。这代表着在应用这些理论时，它们的历史、文化背景和它们所蕴含的西方的人性观、价值观等都不可忽视。① 因此，社会工作本土化的关键是从学理上澄清专业社会工作在中国本土发展的可能局限，当然，我们是在还没有澄清的基础上就开始了本土化的进程。如下我们将分别从社会工作的各个要素讨论其在中国发展的局限。

从社工哲学基础来看，专业社会工作充满了价值哲学，一定程度上可以说，价值是社会工作的灵魂。香港学者阮新邦将社会工作称为一种强价值介入的道德实践。② 由此可见，价值哲学是社会工作存在的基础，它不仅统摄了社会工作的各个方面，也贯穿于社会服务的整个过程。在哲学王国里，社会工作关心的主要是社会哲学和道德哲学，西方社会工作的哲学基础主要涵盖四个方面内容，即犹太教－基督教精神、人道主

---

① 李洁文：《社会工作文化问题探讨：从社会科学本土化到社会工作文化反思》，何洁云、阮曾媛琪编《迈向新世纪——社会工作理论与实践新趋势》，八方文化创作室，1999，第391页。

② 阮新邦：《"价值相关性"、"强价值介入论"与社会科学中国化的规范基础》，阮新邦、朱伟志编《社会科学本土化：多元视角解读》，八方企业文化公司，2001，第415页。

义、乌托邦思想和实证主义。①这些哲学基础与资本主义的发展脉络是相互耦合的，犹太教－基督教精神强调普爱、救世和利他，并将救助和服务弱势群体内化为个体的一种神圣使命。因此，大多数专业社会工作者都有基督教或天主教背景，宗教信仰也是支撑社会工作者前行的动力源；人道主义强调个体的尊严和价值，对个体自由赋予了极高的价值，相信个体的理性和潜能是资本主义精神的集中体现；乌托邦思想强调社会的正义平等和个体的自由；实证主义主张将社会工作打造成一门程序性和专业性强的应用社会科学。这些哲学基础在中国本土境遇中有一定局限。第一，从某种程度上讲，当前的中国是一个"脱魅"的社会，多数社会工作者并没有基督教或天主教等宗教方面的信仰，这种信仰缺失在一定程度上导致其缺乏在社会工作道路上持续前行的动力。第二，相对来说，中国人并不是十分强调个体的价值、潜能和情绪表达等，个性化的需求往往被淹没在所属家庭和社群当中，社群的福祉更甚于个体的自由。第三，历史上长期的自然灾害、战争动荡和封建官僚体制使得中国社会底层弱势群体具备了超强的承受力，形成了一种所谓的"忍文化"，这种"忍文化"至今仍在一定程度上影响着中国人的行为。正如美国传教士史密斯所说："中国人之所以能够忍受一切，不仅仅因为他们具备超强的意志力，更因为他们有一颗忍耐的心，这种特质更为可贵。"② 这种"忍文化"使中国人遭遇各种问题时缺少选择制度性求助方式的习惯。第四，传统上，中国社会将社会服务视为一种道德和道义，相对偏重于物质层

---

① 秦炳杰、陈沃聪、钟剑华：《社会工作实践：基础理论》，香港理工大学出版社，2002，第34页。

② 〔美〕亚瑟·亨·史密斯：《中国人的脸谱：第三只眼睛看中国》，陕西师范大学出版社，2007，第133页。

面的，具有零散性和随意性等特点，缺少实证思维和精神，并不奢望形成一种专业和科学。这也是中国社会工作专业缺乏发展动力的原因之一。

从社工专业伦理看，专业伦理是一种以制度和规则的形式厘定社会工作者与当事人关系问题的准则。美国社会工作者协会制定的《伦理守则》中规定："社会工作者的首要职责是增进当事人的福祉。"[①] 此外，一般专业社会工作者遵循"尊重、接纳、保密、价值无涉、非道德评判、当事人自决、保持专业独立性、免受政府控制"等专业伦理和守则。虽然社会工作者与当事人之间是一种服务与被服务的关系，但服务是有偿的，这种关系更多的还是一种工具性的关系。这些专业伦理在中国本土可能会遭遇一些阻滞。第一，社工的首要职责是增进当事人的福祉，这在中国现实社会中是很难实现的。一方面，中国的社会工作者先天专业独立性就不足，政府强大的行政力量决定了其首要职责是对政府和机构负责。另一方面，按照费孝通的观点，中国人的关系是建立在一种差序格局的基础之上的，在日常生活之中，个体要体察社群网络中的动态和需要。相对而言，个人的倾好、兴趣和需要的维护便显得没有那么重要，个人所重视的是自己社群的和谐与福祉。[②] 第二，专业社会工作者与当事人的工具关系在中国是难以推行的。中国是一个人情社会，特别是当事人与社会工作者是一种"求－助"关系，这是一种介于陌生人工具关系

---

① 〔美〕拉尔夫·多戈夫、弗兰克·M.洛温伯格、唐纳·哈林顿：《社会工作伦理：实务工作指南》（第七版），隋玉杰等译，中国人民大学出版社，2005，第21页。

② 李洁文：《社会工作文化问题探讨：从社会科学本土化到社会工作文化反思》，何洁云、阮曾媛琪编《迈向新世纪——社会工作理论与实践新趋势》，八方文化创作室，1999，第400页。

和亲朋好友情感关系之间的混合关系，[①] 在这种关系中充满了人情关系和情感纠葛。在这种关系中实施服务收费制度不符合中国人的日常生活逻辑。第三，专业社会工作倡导的当事人自决在中国社会是不现实的，崇尚专业和技术权威恐怕是中国民众的一种传统，尽管社会工作者刻意强调"去专家化"和"去精英化"的身份，但当事人总是抱着一种向"专业权威"寻求答案的心态。如果倡导当事人自决会使人质疑社会工作服务的有效性。第四，非道德评判是专业社会工作者的重要伦理守则之一，主要指工作者对当事人遭遇的问题保持一种客观的态度，不加以道德评判，这一点恐怕与基督教的教义不无联系。这对于中国社会工作者来说是比较困难的，中国人习惯于运用"是 – 非、对 – 错、好 – 坏、善 – 恶、道德 – 不道德"的二元对立评判图式审视周遭事物。尤其对于一些"同性恋、失足妇女、毒品成瘾者、罪犯"等社会越轨群体，社会工作者很难保持一种价值中立和非道德评判的态度。

从社工理论基础看，社会工作理论是社会工作者在长期的临床工作中累积经验的一种升华。它吸纳了哲学、社会学、心理学和管理学等诸多学科知识，为社会工作者审视、介入和解决具体社会问题提供了宏观指导。相较别的学科而言，社会工作的理论体系较为零散，有的与社会工作实务模式交织重叠。依照美国学者罗伯特等人早期的观点，专业社会工作主要涵盖六种理论：功能派社会工作理论、问题解决派社会工作理论、心理社会治疗理论、行为修正社会工作理论、危机调适社会工作理论和家庭治疗社会工作理论。[②] 近年来，优势视角理论和社会工作充权

---

① 黄光国、胡先缙：《面子——中国人的权力游戏》，中国人民大学出版社，2004，第 10 页。
② 廖荣利：《社会工作理论与模式》，五南图书出版公司，1987，第 8 页。

理论也较为盛行。从这些理论的价值主张和核心内容中不难看出，这些理论背后暗含着一个趋同的假设，个体之所以遭遇问题，主要是由其社会功能失调造成的，每个个体都有其掌控和改变自身命运的潜能。因此，社会工作者的职责主要是协助当事人挖掘潜能，调整自身来适应外界环境。因此，社会工作的焦点主要集中于改变当事人对问题的认知态度进而调整其自身的行为。这些都带有很强的移民文化色彩，我们知道美国是一个移民国家，新移民到一个陌生环境中无所依靠，唯一可以依靠的只有自身，因此，追求独立、崇尚个人价值、倡导理性自由成为其主导的价值。而富含个人主义色彩、片面夸大个人能量的理论应用在中国社会具有一定的局限性。一方面，中国民众在日常生活逻辑中或多或少渗透着某种"在家靠父母、出门靠朋友"的情愫，如果自身难以应对外界环境发生的变化时，会较多地倾向于借助亲情、友情等非制度化社会支持网络的力量；另一方面，当前中国社会转型时期面临的众多问题是结构性的，如下岗工人、农民工、失地农民、留守妇女儿童、流浪人群、失独家庭等，这些问题单靠改变个人去适应环境是远不够的，还必须致力于社会政策和社会保障机制的逐步成熟和完善。此外，我们有必要探讨一下在中国流行的社会工作充权理论。在西方文化语境中，社会工作充权主要应用于黑人、妇女、同性恋和少数族群等弱势人群，充权理论除了强调激发个体的主体性和增强其自我效能外，更主要的是呼吁和组织一些受到不公正待遇的当事人联合起来，通过请愿、游行、抗议、静坐和示威等方式向政府等权力部门施压，迫使其出台和修订相关政策，保障弱势群体的合法权益。当然，在这样一个过程中，社会工作者的事前组织策划、事中协调引导、事后总结与反思，保证了充权活动以一种合理有序的方式进行，并唤醒了当事人的维权意识，使其习得依靠群体力量来维护自身权益。即便如此，充权理论在中国社会是很难应用的，中国是一个高度重视"社会稳定"的国家，"稳定压倒一切"是长期以来的施政理念，政府对于任何威胁社会稳定的因素都具有高度的敏感性和警惕性。再加上社会工作充权在中国尚处于探索阶段，人们对于充权的理解很容易与转型时期频发的群体性事件混淆在一起。因此，充权理论在中国的应用会受到各方面的阻力。

从社工专业方法看，传统上，专业社会工作主要包括个案工作、小组工作、社区工作（见图6-2）。个案工作主要基于个体的生理和心理层面，通过"面对面"和"一对一"的方式对当事人提供辅导和服务；小组工作通过"一对多"的方式借助群体动力使当事人获得支持和成长；社区工作主要从宏观的社区和社会层面入手，通过改变社区和社会环境来解决当事人的问题。

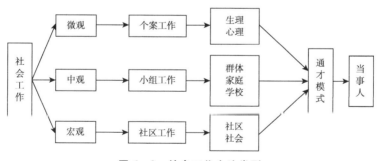

图6-2　社会工作方法类型

事实上，这三种工作方法只有产生时间的先后，并不能将其割裂开来。因为当事人问题的产生既有内在的个体因素，也有外在的环境因素，它是二者交织作用的结果。因此，当前西方专业社会工作方法特别强调多种方法的整合和综合应用，即通才模式。通才模式已经迈向一种"全人服务"的新视阈。社会工作方法在中国的发展依然存在一定的问题，首先，我们对于社会工作方法的理解还停留在狭隘层面。在实务领域，一般将社会工作划分为个案、小组和社区方三大工作方法，忽略了当事人问题成因的多维性和工作方法的综合性。其次，个案、小组和社区工作方法在中国的使用也有一定的局限性。个案工作是一种高度使用"语言"的工作方法，它需要工作者与当事人建立良好的互动关系，并在同一"对话语境"中使当事人反思、提升，找到改变自身的动力进而解决问题。因此，个案工作对当事人的语言表达能力、受教育水平及其对社会工作语境的认同都有一定的要求。而当前中国社会工作服务的对象多为一些底层的弱势和边缘群体，这些群体作为"沉默的大多数"缺少一些"话语表达的能力和权利"，社会工作对其来说完全是一种陌生概念，他们最关心的是"社会工作者告诉他们怎么做？"社会工作者欲通过"对话"使其找回生命的动力进而改变其处境并非易事。小组工作是一种通过小组系统形式协助个体提升社会功能的方法，工作者通过设计小组游戏活动来促进小组成员的互助合作、经验分享和相互支持。小组工作的形式在中国的一些青少年和儿童成长与兴趣培养等方面受到欢迎，但在针对成年人的问题解决方面却遭遇众多阻碍，一是组员习惯于听从当事人的意见，不愿意成为小组的焦点，这恐怕与中国传统持守的"中庸"处世之道有很大关系。二是成年人面对小组游戏显得很拘谨和羞怯，许多人认为小组游戏太"小儿科"，成人做太"没面子"。这或许是欧美人与中国人情感表达方式的不同，欧美人表达情感更多的是"张扬"和"我行我素"的，而中国人表达情感是"内敛"和"不喜形于色"的，且特别在乎自己在别人心目中的形象。这些文化上的差异使得小组游戏成为组员的一种"负担"，从而导致小组的持续性较差，组员流失现象比较严重。三是社区工作是与中国社会现实最为契合的一种方法，但也有其自身的问题，因为专业社区工作强调社区居民在社区规划和建设中的主体性作用，而我们知道中国的行政体制决定了社区规划和建设的主体责任方还是政府，居民的作用是非常有限的。

从社工实务模式看，实务模式是社会工作者在长期的实践过程中总结和提炼出的科学助人方法。我们主要从个案、小组和社区工作中的模式展开叙述。第一，个案工作将心理学理论成果与临床工作经验相结合，针对不同的服务对象和同一对象的不同问题总结形成了多种类型的实务模式，主要包括心理社会模式、认知行为模式、理性情绪模式、任务中心模式、危机介入模式、人本治疗模式、家庭结构模式等（见图6－3）。不难看出，这些个案辅导模式具有明显的西方色彩，它与欧美发达国家社会成员的实际需求是相匹配的，主要针对个体情绪、情感、态度、认知、心理和行为偏差方面的问题。这些问题对于"人情社会"的中国，大部分被消解在亲情和友情等社会支持网络之中，中国多数弱势群体相对更需要的是低层次的物质满足和深层次的制度公平，而个案工作模式远不能满足这些方面的需求。第二，小组工作作为一种方法和过程，主要帮助当事人改善生活质量、最大限度地发挥自己的潜能。佩普尔和罗斯曼提出了小组工作的三种模式，即社会目标模式、矫正模式和互惠模式。[①] 这些模式在中国的使用也面临一定的问题，尤其是矫正模式

① 〔美〕拉尔夫·多戈夫、弗兰克·M. 洛温伯格、唐纳·哈林顿：《社会工作伦理－实务工作指南》（第七版），隋玉杰等译，中国人民大学出版社，2005，第91页。

和互惠模式，主要是吸纳一些同质性强的组员，如矫正模式将吸毒者作为小组成员，互惠模式吸纳未婚母亲、遭遇家庭暴力的女性作为组员等。小组成员通过彼此的支持获得改变自身的动力。然而，这些问题在中国本土很容易上升为道德评判，遭遇这些问题的当事人十分敏感，轻易不会敞开心扉，特别是在小组这种相对陌生的局外人环境中，他们更习惯于信赖日常生活领域中的私密环境。第三，一般而言，西方社区工作主要有四种模式：地区发展模式、社会计划模式、社区照顾模式和社区运动模式。相较于个案和小组工作，社区工作是与中国社会最契合的一种工作形式，毕竟我们开展社区工作也已经积累了较为丰富的工作经验。然而，欧美的社区工作模式在中国的使用仍然存在各种各样的制约因素。如图6-4所示，地区发展模式是一种自下而上的社区工作模式，主要通过培育社区领袖，强调社区居民在社区发展中的主体性作用。而在中国的社会制度中，国家和政府目前还是社区发展和规划的主体，居民相对处于被动和从属地位，因此制度因素成为地区发展模式在中国应用的制约因素。社会计划模式是一种自上而下的社区工作发展模式，主要依靠专家的意见来推进社区的发展和建设，这一点与中国社区工作模式较为契合，因此，该模式在中国的应用没有明显的制约因素。社区照顾模式主要是相对院舍照顾而言的一种社区工作模式，包括在社区内照顾和由社区来照顾，它克服了院舍照顾的弊端，将精神病患者、罪犯、吸毒者、残疾人和老年人等回归于社区环境，充分整合和利用社区力量来照顾弱势群体。这种模式有效动员了社区力量，充满了人文关爱，但在中国的应用会受到文化因素的制约，因为中国民众对于精神疾病、罪犯和吸毒者或多或少存在某种道德评判。因此，目前将这些群体放置于社区中照顾极有可能遭到社区的排斥和歧视。社区运动模式是一种较为激进的社区工作模式，主要应用在遭遇社会不公正待遇的社区中。工作者通过组织社区居民静坐、公开辩论、游行、示威和抗议等活动获取自身的权益。此模式受到中国政治因素的影响，因此实施起来较为困难。

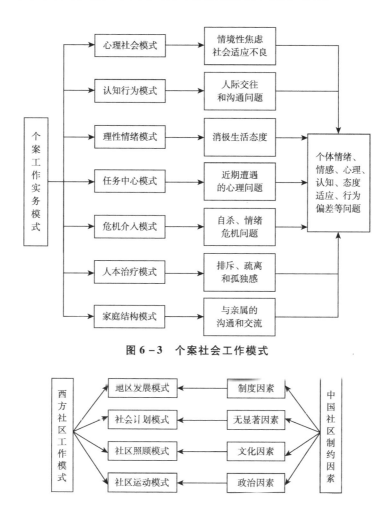

图 6-3　个案社会工作模式

图 6-4　西方社区工作模式在中国使用的影响因素分析

从社工实务技巧和社工角色看，社工实务技巧主要是在开展实务工作中使用的各种技巧，这些技巧同样明显地具有颇重的现代西方色彩。更确切地说，它们绝大多数是来自西方，在相当程度上反映着西方人特殊的历史背景、思维模式和价值观念。然而这些技巧毕竟是基于人本主义的，因此在中国社会服务过程中具有积极的借鉴意义。专业社会工作者主要承担协调者、教育者和社会教化者、倡导者、调节者等角色，这些角色与欧美社会的实际需求是相适应的，主要倡导当事人的主体性，而社会工作者主要扮演同行者的角色。这些与中国社会工作者的角色定位是有区分的。目前，中国社工主要履行问题解决者、控制者、教育者等角色，这些角色强调的还是社会工作者的主体性，当事人相对处于辅助性地位。

（二）社会工作本土化的"绞溢病象"[①]

专业社会工作是西方现代社会福利制度的重要组成部分，作为一门应用社会科学，它主要承载着社会安全阀和稳压器的功能。经过 30 年与中国本土实际的相互融合，专业社会工作在教育、职业和实务领域均取得了长足发展，并呈现出各种新的样态。我们通过对这些新样态的检视发现，强行移植的西方社会工作理论、实务、价值和技巧等与中国社会的实际是不完全相融的，致使社会工作在本土化进程中出现了"水土不服"的现象，我们将这种现象称为"绞溢病象"。"绞溢"原本是农艺学术语，两股相交谓之绞，水满外流谓之溢，二者结合意在描述木本植物嫁接后出现的一种亲和力不强的现象。嫁接时，忽视了两种植物的品种、

---

① 本部分引用了卫小将、李喆、苗艳梅发表于《华中科技大学学报》（社科版）2008 年第 2 期的文章内容和观点，特此说明。

生长环境以及亲缘关系强行将其用绳索缠绕起来，从而导致了营养梗阻外溢的病象。笔者使用"绞溢"一词，旨在表明"社会工作"这一诞生于西方基督教、人道主义、乌托邦和实证主义文化语境中的学科与实务，当它被强行移植到中国本土时，在本土化过程中，由于忽视了异域文化的差异性而出现了一种跨境遇的"水土不服"和"梗阻"。具体而言，"绞溢病象"主要表现如下。

1. 专业身份与本土性助人身份的纠缠不清

社会工作者这一概念并非内生于我国本土，而是一种舶来于欧美的称谓。国际社会工作者联合会（IFSW）和国际社会工作学院联合会（IASSW）将其界定为："致力于促进社会变迁，解决人类相处中发生的问题，增加人类权益，提高社会福利，并通过人类行为理论和各种社会政策，对人类与环境互动过程中出现的各种问题进行社会工作干预。人权原则和社会公正是社会工作的基本要求。职业从事社会工作的人称为社会工作者，简称社工。"① 由此不难理解，在欧美国家社会工作者的身份是非常明确的，他们经过大学教育或者受过专业训练，并取得专业资格证书，受雇于政府和非政府组织开设的专业社会福利服务机构，以维护社会公平正义和服务社会大众为宗旨。社会工作者的身份具有法律效力和权威性，是为社会大众所普遍认受的。基于这一概念来寻证当下中国内地，很难在原初意义上使社会工作者的身份在现实层面得以承认。因为中国的现实情形是异常复杂的，是在原有助人框架的基础上引入了

---

① Miley, Karla Krogsrud, 1995, *Geniralist Social Work Practice: An Empowering Approach. Needham*, Mass: Allyn and Bacon.

社会工作制度，而且这两种助人机制还没有实现较好的衔接，因此多种助人身份角色纠缠不清的现象依然存在。一方面，中国原有的助人工作者是多元的，既有制度性和半制度性的，也有非制度性或临时性的。制度性的助人工作者主要包括隶属于民政系统的社会福利部门的工作者、社区工作人员，隶属于司法、卫生和教育等系统的社会服务机构的工作人员；半制度性的助人工作者主要包括党团工青妇、残联、老龄委、儿童协会等群团组织中从事相关服务的工作人员，红十字会等 NGO 组织的工作人员，草根 NGO 组织的工作人员及广大志愿者；非制度性的助人工作者主要包括亲属、邻里、朋友等支持网络的相关人员。这些助人工作者直接或间接发挥着社会服务的职能，其中在制度性和非制度性助人工作者中有极少部分人获得了助理社会工作师和社会工作师的职业资格，但总体上专业性还比较薄弱，也未获得相应的岗位和待遇，其社会工作者的专业身份尚未建立。另一方面，近年来新成立了各种专业的社会工作机构，这些机构主要聘任高校社会工作专业毕业生担任社会工作者，他们多数也取得了助理工作师和社会工作师的职业资格。但由于其专业训练不足、社会生活经验缺乏，因此解决问题的能力较为有限。此外，这些社会工作的机构数量较少，专职社工缺乏，对于多数弱势群体来说只能是杯水车薪。因此，社会工作者的专业影响力还有待进一步提升。综上可知，中国原有助人工作者的身份与社会工作者的专业身份相互交织在一起，前者并未实现专业化的过渡，其影响力和社会效用依然存在；而后者的专业化身份还有待进一步提升，这种新老助人身份的相互纠缠使得独立的社会工作专业身份很难建立，社会大众对社会工作者的身份认知也较为模糊。以下是网络上流行的社会工作者与社区居民的一段对话："你是做什么的?""我是社工。""社工是居委会的吗?""不是。"
"社工是志愿者吗?""不是。""那社工是做什么的?""说来话长，得讲
两个小时。""那社工是公务员吗?""不是。""是事业编制?""不是。"
"那是在公司?""不是。""是企业?""也不是，我们不是企业，我们是
民办非企业单位。""那还是公务员。"由此可见，厘清中国原有的助人工
作者的身份与专业社工身份之间的关系是建立社工专业身份的重要前提。

2. 理论与实务的断层

社会工作教育在中国的发展日趋成熟，学术界对于社会工作理论的
研究与世界之接轨已初显端倪，并正逐步向全球社会工作研究嵌入，成
为其一部分。这种游离于中国人自身文化、习惯、理念和经济水平之外
的"专业化"的理论，比照我国"半专业"或"非专业"实务，必然会
出现对接上的断层。我们可以发现工作人员分别引用"危机介入疗法"
及"家庭结构疗法"来帮助一个家庭功能失调的家庭，或者用"认知行
为疗法"帮助水火不兼容的夫妇，又或者通过"精确治疗"去协助情绪
低落的母亲，甚至用"社会学习理论"来帮助一群社交能力有困难的儿
童。但是，无论这些术语是用英文还是用中文书写，它们的一个共同点
都是通过西方文献去界定人之特性，再朝着这些对人的理解去引入某些
手法。① 也就是说，在西方理论的引导下，我们的社会工作者常常基于个
人主义、理性主义和自由主义的人性观去着手解决当事人的问题，而忽
视了中国人的感性、人情、面子、认受性和"家本位"的特质。关于这

---

① 朱伟志：《香港社会工作蓝图再检视》，载《迈向新世纪——社会工作理论与实践新趋
势》，八方企业文化公司，1999，第 428 页。

一断层现象，我们不妨再以家庭社会工作具体而言之。一般来说，当前我国的社会工作者比较倾向于用家庭结构疗法来帮助问题家庭。工作者通常通过介入家庭内部，厘清家庭成员的界线，从而来改变家庭结构，纠正家庭成员的不良沟通模式。这种助人手法是基于西方人的家庭伦理价值观的，西方人在人与家的关系上，人永远是第一位的，人是家的主宰，家只不过是人活动的一个场所，家庭成员之间有明确界线。而中国人在人与家的关系上，家则永远是神圣的，是第一位的，是凌驾于人之上的。因此，关于家庭结构疗法对解决中国家庭问题的实用性有待商榷。最令人吊诡的是，中国人强调"家丑不可外扬"，自家的事不需要"外人"插手；为了维护家庭和睦，个人问题可以忍；"知子莫若父，知女莫若母"、"血浓于水"等这些都是不需要专业人士帮助厘清界线，消除误会的。以此类推，还可以反思更多理论在中国的实用性究竟如何。据此，社会工作的本土化不能简单地用中国的实务来诠释西方的社会工作理论，恰恰相反，我们应该用中国的现实来证伪国外的相关理论，并从中总结和发现符合中国实际的社会工作理论，以此降低理论和实务断层的概率。

3. 社会工作的"自我殖民化"

我国内地开展社会工作专业教育已有三十多年的历史，而学者们对于社会工作本土化及本土性社会工作的探讨尚显不足，从而使社会工作教育的发展具有某种"殖民化"的色彩。[①] 从某种意义上说，这种"殖

---

① 王思斌：《中国社会的求助关系——制度与文化的视角》，《社会学研究》2001 年第 4 期。

民化"是一种"自我殖民"。20世纪90年代以来，中国内地的学者们在推进社会工作本土化的进程中就普遍存在一种"专业理想主义"倾向。专业理想主义，即以专业建成作为终极价值信仰，作为其行动的目的。在确立这一目的后，至于是否达到，后果是否合理，均不在考虑之列，只有行动才是研究者考虑的对象。在这种专业理想主义的内驱力驱使之下，学者们热衷于花费大量时间和精力来翻译西方经典著作，引进各种专业理论和实务技巧，统编各类专业教材。

诚然，这些行动对社会工作在中国内地本土的发展起到了很好的基建性作用。然而，也正是这种专业理想主义的倾斜性强化，影响了我国社会工作教育的正常发展，在相对意义上，其速度大大快于社会工作实践的发展。因此，我们会发现，在研究领域，充斥市场的各类社会工作书籍中几乎没有专门探讨社会工作本土化和本土社会工作的，书中的理论和实务几乎都是西方和港澳台地区的"舶来品"，同类著作都有"形异神同"之特点。在教育领域，西方地道的社会工作理论与实务方法虽然进入了我们的高等教育课堂，却很难应用于实践。我们培养的学生对于西方社会工作的起源、发展、现状和各种助人技巧可以侃侃而谈，而面对我国实际的社会工作处遇时却变得无所适从，有的学生甚至忽视了本土一些常识性的助人知识，如申请低保所需的程序，独生子女家庭可以享受哪些优惠政策，孤寡老人可以获得哪些救助资源等。

这种专业理想主义正好迎合了西方"文化帝国主义"膨胀的意向，对社会工作的自我殖民化起到了推波助澜的作用。然而，正如黄宗智所言，西方主流形式主义理论大多把现代早期以来的西方设想为单向整合于资本主义逻辑的社会，但是明清以来的中国明显不符合这样的逻辑，而进入近现代，在西方帝国主义冲击之下，甚至有过之而无不及。但是，由于现代西方势力和理论一直主宰着全世界，中国（以及大多数的发展中国家）主要利用西方理论来反向认识自己，结果把实际硬塞进不合适的理论框架。[1] 从这个意义上来审视内地社会工作的发展历程，不难看出，当前学界对于境外的社会工作缺少反思批判，甚至忽视了"文化帝国主义"软霸权的侵蚀，对于社会工作本土化和境内社会工作更是无暇顾及，误将接纳西方社会工作等同于社会工作的本土化了，忽视了这种跨境域的"水土不服"，从而使中国社会工作发展具有某种"自我殖民化"的色彩。这种自我殖民化的扩展导致了西方社会工作在面对我国的实际情况时出现了营养受阻的"绞溢"现象。由此，2012年中国社会工作教育协会第八届年会上，香港理工大学阮曾媛琪教授对中国内地社会工作教育提出四点警示：①社工教育谨防"大跃进"，要注重质量，精耕细作，持守专业化；②社工教育者也是研究者，要注重本土实践研究提升，形成本土化理论，指导行动；③要注重国际发表，将自己的经验与国际分享；④社工教育者的本分是做好教育和研究者的工作，我们要参与实务创新，而非自己办机构。这些论点不能不引起我们的警觉。

4. 表达性与现实性的冲突

社会工作是社会变迁和文明的产物，20世纪90年代初期被引入我国来应对转型中的社会弱势群体问题。在其本土化进程中，我们一直抱有一种"专业理想主义"的愿景，从而出现"后发快生"的局面，在教育

---

① 黄宗智：《悖论社会与现代传统》，《读书》2005年第2期。

和职业领域均取得了长足发展。然而，从某种意义上讲，这种发展是一种粗放型和"大跃进"式的。借用社会建构主义的视角，我们理应质疑那些认为理所当然合理的知识，审视社会工作发展话语中"谁在说话？代表谁说话？为什么说话？"等。通过质疑和审视发现我国社会工作不同程度地存在着一些"表达性与现实性的冲突"。其一，当前社会工作被建构为一种"维护社会公平正义、解决社会弱势群体问题、构建和谐社会的专业和职业"。诚然，我们并不否认专业社会工作在此方面的功能与作用，但我们也必须清醒地认识到现实境遇中社会工作功能的有限性，是否真的能够维护社会的公平正义？在多大程度上可以解决转型导致的结构性社会问题？在构建和谐社会的过程中能起到多大的作用？事实上，面对中国突出的不公平问题和弱势群体问题，如非法拆迁、侵占农民土地、拖欠农民工工资、教育资源分配不均、下岗工人和留守妇女儿童等问题，社会工作介入的空间和效应是极为有限的。其二，社会工作被建构为一种科学性和专业性的职业，但其在我国现实境遇中科学性和专业性体现在哪里？相较于本土性助人工作其真实效用又如何？我们不断地强调自身的专业性，有意无意地将本土性助人工作污名为非专业性的，而在诸多领域，专业社会工作的有效性不及本土性助人工作。如社会工作在解决家庭和邻里冲突时远不如人民调解工作有效用。其三，社会工作被建构为一种"当事人利益至上"的专业，而现实生活中部门利益和社会工作者的自身利益也是备受推崇的。在教育领域，虽然宣称是为社会工作职业培养专业人才，但高校自身利益似乎却是更重要的。一方面，高校不顾自身的师资力量和教学条件盲目开设专业，招收学生，有的甚至将培养社会工作专业硕士（MSW）作为营利的工具和手段。另一方面，培养的学生较少从事社会工作专业，而且也难以胜任社会的实际需求。在社会工作职业领域，其表达性的话语是"一切为了弱势群体"，但其机构和工作者的利益却潜藏在话语背后。第一，机构为了能获得项目资助和引起政府的重视而建构当事人的问题，渲染问题的严重性，夸大社会工作介入的有效性，弱化个体应对自身问题的能力。第二，社会工作者为了自身的利益而呼吁社会工作的重要性，这些年给社工加薪的呼声较大，也有人呼吁将社工纳入公务员体制当中。在实务领域，社会工作者呈现给社会大众的是一种"专业万能"的光环，服务留守妇女儿童，介入失独家庭，援助上访农民，参与四川灾后重建，干预昆明"3·01"恐怖事件遗属，安抚马航飞机事故家属，辅导东莞失足妇女等。然而，社会工作自身的局限性却避而不谈，这似乎已经形成一种行业共识。在本土化探索领域，虽然本土化成为近年来社会工作领域的热门话题，其呼声也越来越高，但真正立足于本土，探索专业社会工作本土契合性方面还远不足够，也没有形成有效的本土社会工作模式。综上可知，社会工作本土化过程中，各种表达性和现实性的冲突是社会工作发展的瓶颈之一。

二　社会工作土生化之构建

我国社会工作本土化出现"绞溢病象"的原因是多方面的，其中最主要是没有扎根于本土的现实境况发展社会工作，即本土化是粗糙和表面性的，还有待进一步深化。由此，我们倡导深度的社会工作本土化，即土生化的概念。土生化是一种社会工作发展的构想，它要求跳出西方社会工作理论模式的束缚，摆脱追随欧美社会工作亦步亦趋的发展态势。当然，并非完全摒弃社会工作的专业化进程，而是要将社会工作的重心转移到本土实践中来，真正立足于受众的实际需求。土生化的主要任务是构建一种灵活而具有创造性的服务传递系统，而不是缩小和复制西方的模式。因此，社会工作必须努力探索发展出一套对于本土人格发展和社会生活的假设，定位发展专业的基础和理由，提炼实践获得的知识和技巧，定义社会工作的使命形成中国世界观，澄清社会工作专业的领域和专业知识，确定专业价值、理念和知识，提炼升华原有的本土性助人工作模式，总结社会工作者实务知识等。在中国生态、经济、社会、文化、历史脉络中发展出一种本土契合性的社会工作。

（一）社会工作土生化路径构想

社会工作在中国的发展是一个循序渐进的过程，经历了从模糊到清晰、从教育到职业、从"自下而上"到"自上而下"、从追随西方到本土化意识觉醒的过程。从某种程度上可以说，中国社会工作本土化探索的实质是本土性社会工作不断融合欧美专业社会工作的过程。我们根据这种发展的本质并结合 Walton 和 Abo El Nasr 等学者的观点将社会工作本土化发展分为三个阶段，即自我殖民化阶段、本土化阶段和土生化阶段。这里需要说明的是，在现实境遇中，并没有一个精确的时间轴可以将这三个阶段截然分开，也不存在这三个阶段完全独立存在的情形。在此，为了厘清我国社会工作本土化探索路径，并能进一步阐明本土化的未来走向，从而提出社会工作土生化路径的设想，我们拟从学理上并辅之以图标等象征性符号分别对这三个阶段进行阐释。如图 6-5 所示，左边的金字塔代表欧美的专业社会工作，右边的倒金字塔代表本土性社会工作，二者在社会工作发展的每一个时期，都可能是交织存在的。然而，由于社会工作发展和人们对其认识程度等主客观条件的制约，二者在本土化探索各个阶段的融合程度和所占比例也不尽相同。

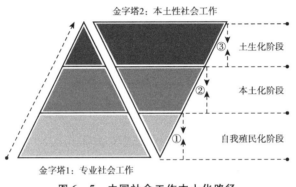

图6-5　中国社会工作本土化路径

在社会工作发展初期。由于中国并没有专业的社会工作，因此对社会工作的概念是完全陌生的。这种陌生的跨地域发展环境很容易滋生"光环效应"和专业理想主义，再加上欧美强势文化的扩张性，进而形成一种简单的复制式发展路径。这种复制式发展路径具体落实在教育、职业和实务领域中是通过大量引进西方专业价值、伦理、理论、技巧和实务模式等来解决中国本土社会问题，并没有过多地考量专业社会工作自身的局限性和在中国本土发展的局限性。从图6-5可知，这个阶段专业社会工作占有绝对的优势，本土性助人工作受到较大冲击并逐步萎缩，二者形成一种"专业与非专业、科学与非科学、先进与落后、有效与无用"的对立话语图式，本土性社会工作被淹没在这种建构的话语图式中。因此，本土性助人工作与专业社会工作的融合是初萌的，或者说尚未开始，整个社会工作发展的框架和重心聚焦于欧美模式，中国本土性社会工作被有意无意地淡化和边缘化。我们将这个阶段称为社会工作本土发展的专业自我殖民化阶段。

在社会工作发展中期。随着专业社会工作在中国本土的逐步深入发展，人们对于社会工作的认识程度亦不断深化。一方面，专业社会工作在解决本土问题过程中存在的局限与不足逐步显现出来，其专业价值、伦理、理论和方法等层面的冲突开始呈现，出现了所谓的"绞溢病象"；另一方面，"中国式"社会问题不断地对发展社会工作提出新的挑战和诉求，客观上需要立足于本土发展社会工作。在这样一种情形下，改造专业社会工作使其与中国本土相契合成为一项重要的议题。因此，这个阶段本土性助人工作开始逐步借鉴和融合专业社会工作，并在社会服务过程中开始发挥积极作用。但由于社会工作本土化还处于探索阶段，本土性社会工作对于专业社会工作的借鉴融合仍然是机械和粗糙的，二者的兼容和排异并没有被充分讨论，还具有强烈的"西方印迹"，没有真正摆脱欧美模式的束缚，亦没有切实关注到受众的实际需求。因此，虽然这个阶段的本土性社会工作发展已具有一定的优势，但太受西方概念与理论工具的束缚，还需要进一步深化，真正将社会工作发展的重心转移到本土情境中来。我们将这个阶段称为本土化阶段，或许当前中国的社会工作发展真处于这样一种时期，虽然本土化发展已经取得了一定的成就，本土性社会工作也开始逐步凸显发展态势，但其与专业社会工作的融合有待进一步成熟和完善。

在社会工作发展后期，社会工作进入深度本土化阶段，即土生化阶段。这个阶段本土性社会工作较好地融合了专业社会工作并呈现出"制度自信"和"理论自觉"的态势，形成了具有本土特色的价值、理论和实务体系，并以本土性需求为轴心切实解决本土性社会问题。当然，土生化阶段离我们尚有一定的距离，在这里还只是一种构想，土生化是本土化发展的高级阶段，在这个阶段我们不妨借鉴 Walton 和 Abo El Nasr 的观点，结合本土实际着重发展本土性社会工作：① ①从西方专业社会工作的理论和实务模式的羁绊中解放出来，基于本土实际需要解决的问题来发展社会工作；②不要局限于仅从概念和理论上理解社会工作，而要聚焦于本土助人工作者在做什么，从实践层面理解社会工作；③各个社会工作领域的实践者和教师都应该用一种科学和程序化的方式记录和总结实践经验；④为了清楚认识社会工作的环境和工作背景，必须了解和收集当地实际需要、主要问题和村落文化的资料和数据；⑤社会工作者应该致力于构建源于本国的社会工作模式，而不是进口别的国家的模式；⑥发展中国家应该从根本上转变社会工作教育，应该通过基于实践累积的经验来重新检视课程设置；⑦基于社会最紧迫的问题进行合适的实地培训；⑧维持国际社会工作联合会，参与土生化社会工作，在充分考虑各国环境和制度的情况下，第三世界国家加强合作面对共性的问题；⑨必须认识到专业既来源于科学的训练，也得益于个人的实践经验。

（二）社会工作土生化策略

土生化是一种深度的本土化，社会工作土生化是本土性社会工作融合专业社会工作后形成的一种具有本土特色的社会工作体系。社会工作

---

① Osei-Hwedie, Kwaku, 1993, "The Challenge of Social Work in Africa: Starting the Indigenisation Process", *Journal of Social Development in Africa* 8.

土生化策略多种多样，但扎根于本土并树立本土问题意识无疑是最为重要的。根据中国社会工作发展的现实，我们尝试分六个步骤推进社会工作土生化策略。

第一步，系统提炼和重构我国本土性社会工作的基础，主要包括构建本土性社会工作的哲学基础、理论基础、伦理操守和实务技巧等。毋庸讳言，中国本土性助人工作较之专业社会工作具有零散性和随意性等特点。它之所以没有发展成为一种系统性的助人专业和科学，究其原因是多方面的，但缺乏系统的哲学价值、理论基础和工作操守却是最重要的制约因素。当然，这并不是说中国的助人工作没有价值灵魂、理论指导、职业操守和技巧手法，事实上，在本土实际助人工作中或多或少都包含着这些元素，只不过比较模糊和微弱，没有经过科学系统的总结、提炼和提升。因此，我们初步尝试将这些元素扩大和升华使其凸显出来，从而构建一种系统的土生社会工作体系。首先，本土性社会工作的哲学基础应立足现实，充分挖掘传统和当今主流社会价值体系，构建顺应大众需求的具有中国风格的社会工作价值体系。如表6-1所示，本土性社会工作的价值基础可以涵盖儒释道信仰、马克思主义、为人民服务思想、三个代表、和谐社会思想和科学发展观等。当然，这些思想中蕴含着复杂的助人价值观，而且与专业社会工作的哲学基础存在着诸多的差异性。这就需要我们进一步挖掘、总结和提炼这些哲学基础并借鉴专业社会工作哲学形成一种土生的社会工作哲学基础。这是一项漫长而又宏大的工程，也是我们今后需要长期努力的方向。其次，本土性社会工作的理论基础较为薄弱，这是一个不争的事实。当前我国社会工作使用的理论多引进于欧美，其核心思想是强调个体的理性、自由和自我能动性，处理的主要问题多为个体的情绪、心理和社会适应等。而当前中国的受众不仅仅需要这些，更需要一种宏大的国家力量的包容与庇护。因此，我国的社会工作理论更应该偏向于"制度－结构"层面，一方面我们要借鉴和调适专业社会工作的诸多理论；另一方面更要充分地借鉴其余学科发展出的本土理论，比如哲学、社会学、政治学、心理学、管理学、文化人类学中衍生出的中国人的价值、社会和谐运行论、社会治理和建设理论、华人人格和心理分析理论、社会系统论等具有中国特质的理论形态。再次，伦理操守是规范社会工作者与服务对象、同工和服务机构关系的总则。专业社会工作更多地强调工作者与当事人是一种工具关系，显然这一点在中国是行不通的，因为中国交往的差序格局和人情法则等不断形塑着人与人之间的关系。由此，本土性社会工作伦理更多地应该考虑到这些因素。在充分考虑这些因素的同时由社会工作者、专家学者和受众共同参与制定工作伦理操守。最后，本土性社会工作的实务技巧应从中国人日常交往和本土社会工作者实务经验中总结提炼。

表6－1　专业社会工作与本土性社会工作哲学基础比较

类别	哲学基础
专业社会工作	犹太教－基督教信仰、人道主义、乌托邦思想、实证主义
本土性社会工作	儒家思想、佛教和道教信仰、马克思主义、为人民服务思想、三个代表、和谐社会思想、科学发展观

　　第二步，基于本土实际明确提出社会工作服务范畴与策略。众所周知，西方社会保障机制相对健全，西方社会工作者拥有较多的资源，他们主要通过微观技术处理个体情绪、心理、精神和政治参与等人的高层

次需求问题，而发展中国家多数面临结构调整和单纯发展经济引发的贫困、饥饿、疾病、自然灾害等物质层面的问题。由此，Mupedziswa 建议发展中国家的社会工作应该抓住那些已经被本国传统概念化但却被主流社会工作排斥在其范域之外的问题，尤其应该重点关注失业、难民、艾滋病、环境和结构调整等问题。① 以此看来，中国的社会工作在关注微观性问题的同时，更应该关注那些宏观性的社会问题。图 6 - 6 为中国社会工作的服务范畴，这些服务范畴既有西方专业社会工作的服务领域，如

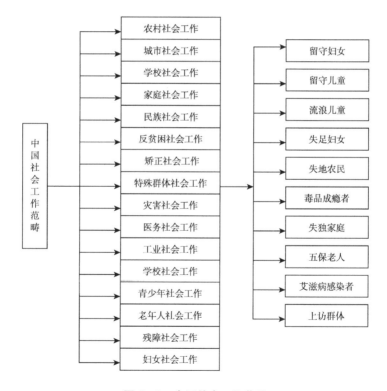

图 6 - 6　中国社会工作范畴

① 卫小将：《社会工作本土化研究之阐释》，《学习与实践》2012 年第 5 期。

城市社会工作、学校社会工作、矫正社会工作、老年人社会工作、妇女社会工作、青少年社会工作等，也有中国本土问题领域，如农民工社会工作，民族社会工作，特殊人群中的留守妇女儿童、流浪儿童、失独家庭等。随着本土社会工作的不断完善和成熟，这些服务范畴还可以继续探索和拓展。

第三步，重新审视西方社会工作实践的核心观点、话语概念、表达呈现、价值和知识假设等，并与本土受众的实际需求和话语体系对话。通过转换专业社会工作话语发展出契合中国本土的概念和方法。毋庸讳言，包括中国在内的许多发展中国家的教育和实践一直效仿欧美知识体系，因此各种概念和词语基本来源于欧美，如个案辅导、小组分享、社区教育、共情、赋权、分享、反思、冥想、激发潜能、话语分析、非道德评判、价值无涉等。这些词语和理念对于多数中国受众来说是陌生的，因为中国是一个发展不均衡的国家，城市与农村、沿海与内陆、开放城市与老少边穷地区差异明显，各类群体在价值理念、文化习俗、教育水平、思维习惯、语言和身份认同等方面也各不相同。因此，专业社会工作话语很容易导致社会工作者与服务对象难于在同一语境中平等对话，特别是在一些边远的农村地区和少数民族地区。在这样一种情势之下，我们不仅需要培育当地的社会工作者，更需要结合民族学、文化人类学、语言学和农村社会学等知识理论将专业社会工作的理念话语体系调整和转化为适合本土语境的体系，只有这样才有可能发展出土生的社会工作。

第四步，重新定位社会工作者的角色，厘清社会工作、制度性和非制度性社会保障、相关服务之间的关系。前文已有所涉及，专业社会工作者主要承担了教育者、同行者、资源连接者、政策倡导者、引导者、控制者、赋权者、呼吁者等多种角色。这些角色的担当不仅是建立在欧美国家健全的社会救济和保障制度基础之上的，也是建立在社会工作者的专业权威之上的。如早年英美的社会工作者主要开展入户调查和家庭评估，为需要救济者建立档案，政府根据评估情况实施救济等。而中国的现实与欧美有所区分，一方面，我们已经不同程度地建立了制度性保障，如国家救助、社会保障、社会政策、社会救济等，但还有待进一步完善；另一方面，中国的多数民众还依赖于非制度性保障，如家庭保障、邻里互助、宗教慈善援助等。这些制度性和非制度性保障在民众的日常生活中扮演了重要的角色。在这样一种状态之下，社会工作者如何定位，如何与这些制度性和非制度性保障体系衔接，如何树立专业身份，将是我们未来需要探讨的重要议题，其中有一点，中国社会工作者必须成为一个"问题解决者"，否则很难获得受众的身份认同。

第五步，基于本国的政治、经济、文化和社会制度提出符合本国实际的社会工作模式。一般来讲，发展中国家的社会问题只能由发展中国家来解决。本土化的主要任务是基于本土实际，改造西方模式，融合本土知识和经验，构建一种灵活而具有创造性的服务模式，从而形成本国的特色和风格。① 由此来设想中国当前的社会工作模式，主体应该是构建一种"政府行政主导，广泛动员民间力量，以各种项目为载体，满足多数弱势群体基本物质需求为主的宏观社会工作实务模式"。本土社会工作的模式构建是一个宏大和长期的工程，它需要广大的社会工作教育研究

---

① 卫小将：《社会工作本土化研究之阐释》，《学习与实践》2012年第5期。

者和实务者协作起来共同探索。一方面，高校的课程设置中除了专业社会工作课程之外还应增设本土性社会工作内容，如民政工作概论、中国社会问题、社会工作本土化探索、中国人的观念与行为、华人心理学、农民工社会工作和民族社会工作等；另一方面，社会工作研究者和社会工作者都承担研究者和服务者的双重角色，在具体的行动中总结和提炼本土经验。由此可见，只有将教育、研究和社工实务结合起来，倡导一种行动式的研究才有可能逐步探索出中国土生的社会工作模式。

第六步，积极参与国际社会工作对话、交流与协助，扩大和完善本土模式，为国际社会工作发展贡献自己的力量。传统上，我们所理解的社会本土化是一种狭隘的本土化，即社会工作由发达国家和地区传入发展中国家和地区，而社会工作本土化还可以是发展中国家传入发达国家（见图6-7）。随着社会工作的全球发展，中国社会工作已经成为国际社会工作的一部分。中国社会工作土生化的目标是基于本土，但并不是要局限于本土，而是要积极走向国际社会，与世界各国交流协作以使本土模式国际化。中国在解决宏观社会问题，如民族问题、农村发展问题、农民工问题、自然灾害问题、城市下岗工人问题等方面时运用的宏观社会工作实务模式亦可以为广大发达国家和发展中国家借鉴。

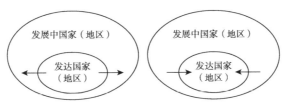

图6-7 社会工作本土化路径

综上所述，本章主要探讨了四方面的内容，一是从哲学基础、价值伦理、理论方法、工作模式、专业技巧和承担角色等层面系统论述了专业社会工作在中国本土发展之局限；二是在检视中国社会工作本土化的基础上提出了本土化存在的"绞溢病象"，即专业身份与本土性助人身份的纠缠不清、理论与实务的断层、自我殖民化、表达性和现实性的冲突等；三是提出社会工作土生化是在专业自我殖民化和本土化基础上的深度本土化；四是尝试构建我国社会工作土生化的六条策略，重构本土性社会工作的基础、明确服务领域和范畴、转换专业话语、重新定位社工角色、构建本土模式、融入国际社会工作。

（三）社会工作土生化案例呈现与解析

以上我们已经对土生化的路径与策略进行了较为深入的阐释。然而，毕竟社会工作土生化是一个宏观而又抽象的概念，再加上中国社会工作正处于发展时期，它在现实境遇中的实现更需要一个长时期的探索过程。因此，寻找一个贴切的土生化案例成为本研究的瓶颈问题，这里的研究短板或许是以后研究的指向和生长点。即便如此，为了能够了解社会工作土生化的具体实现策略，我们通过对张和清、杨锡聪和古学斌提出的《优势视角下的农村社会工作模式》文本进行解读与再分析，大致了解土生社会工作模式的构建过程。

案例：①

从 2001 年 3 月开始，在凯瑟克基金会、米索尔基金会的支持和

---

① 张和清、杨锡聪、古学斌：《优势视角下的农村社会工作——以能力建设和资产建设为核心的农村社会工作实践模式》，《社会学研究》2008 年第 6 期。

云南师宗县政府的协助之下，香港理工大学和云南大学社会工作专业师生选取了位于云南东北少数民族地区一个村庄绿寨（化名）作为项目点，联手实施名为"探索中国农村社区发展的能力建设模式——以云南为例"的行动研究计划，开始了长达7年的本土农村社会工作理论和实务模式探索。

在中国，常用"老、少、边、穷"来形容农村地区的贫困与落后，这四个字分别指革命老区、少数民族地区、边境地区和贫困地区。作为项目点的绿寨①集这四个特征于一身，是一个典型的贫困地区。它位于云南东北部，毗邻贵州和广西，在云南省属于相对较大的行政村，下辖8个自然村，其中6个壮族村，2个汉族村，全村共有347户，1469人。绿寨地处偏僻山区，交通不便，壮族和汉族分别聚居在山谷平地和石山上，只有一条狭窄的泥路通向外界。村民除了赶集之外很少与外界往来，也许是这里的闭塞使其仍然完好地保留着传统的民族服饰、语言和风俗习惯等。然而，近些年来，绿寨也受到了现代发展的冲击，如电视和电话的开通使绿寨村民开始对外界有了更多的了解，不断改变着他们的生活方式和观念；青壮年村民不断外出打工；基层政府推出的农村发展政策不断冲击着原有的生产方式和生态环境，如农业商品化、科技推广和旅游开发等。

绿寨是一个典型的贫困山区农村，村民们的生活基本在温饱线上下徘徊。在一般的年景里，全村每年都有20多户人家4~6个月粮

---

① 这里的绿寨是化名。

食不足。2000 年，全村有 62 户、285 人接受了粮食救济；2002 年有16 户、44 人因特殊贫困而免除农业税。面对这些贫困问题，当地政府采取了调整产业结构和推广高科技农产品等反贫困项目。然而，由于没有真正了解村民的实际需求，许多项目实施没有达到预期效果，越扶越贫的现象较为普遍。近年来，村民们在医疗、教育、婚姻、养老及农业生产资料和耐用消费品等方面获得的支持较大，对于现金的需求不断增加，许多村民不堪重负被迫外出打工，即便如此，也只够勉强维持基本生活。

香港理工大学和云南大学社工专业师生在绿寨驻扎了 7 年，并与村民们一起实施了许多以文化和教育为主题的发展项目。项目组目睹了现代化对于传统文化和村民自信造成的冲击，感受到了村庄秩序的不断溃散。由此，他们将项目的重点集中于草根社会组织的培育和社区文化的保护，培养村民们的社区主体性和认同感，唤醒其文化自觉意识。在这样一种项目重点的指引下，项目组实施了一系列具体的活动，如建立社区文化活动中心，组建社区图书馆，成立文艺队，组织村民通过口述编写村史，建立妇女手工艺小组，成立老人协会等。

项目组在关注文化和教育方面的同时，也特别关注经济发展和生态环境。绿寨种植的主要经济作物有生姜、水稻和玉米。由于近年来生姜的价格上涨较快，因此毁林种姜的现象时有发生，但毕竟受到市场价格波动影响较大，种姜获得的收益远不能满足村民们的经济需求。种植水稻和玉米投入成本较大，如化肥、种子和农药的价格上涨，而收益却较少，水稻和玉米价格涨幅不大。这些情形导致许多农民不堪重负，被迫外出打工，大量的农田被闲置和废弃。对此，当地政府也曾强力推动产业结构调整，如改种甘蔗、土豆等，但最终都以失败告终。与此同时，村民盲目开荒种姜，政府强力推动村民改种新品种及过度使用化肥、农药等，开始污染村寨的水源和土壤。最重要的是被改变基因和过度使用化肥、农药的杂交农产品（种植、养殖产品），无论是种子的培育、种养过程，还是销售渠道等方面，都存在着食物安全隐患，威胁着农产品消费者的身体健康。对此，项目组曾经组织妇女制作手工艺品或养猪等，期望帮助村民增加收入，渡过难关，但这些早期的项目终因没能发掘村庄的资源和村民的能力，村民没有积极性等原因半途而废。从 2006 年起，在深刻反省可持续发展的同时，项目组尝试将优势视角纳入"城乡合作"的行动中。

"城乡合作"项目主要是针对城乡的不同优势和需求来搭建公平贸易平台，通过互惠双赢、优势互补实现生态和生计的可持续发展。一方面，绿寨具有生态资源环境、优良农产品、传统农业耕种技术等众多优势；另一方面，城市居民对于绿色、无公害、无污染的有机农产品的需求程度不断提高。然而，由于地理位置和信息不畅通等众多因素的制约，二者难以很好地连接起来，而城乡合作和公平贸易的主要任务就是实现二者的连接。围绕这个任务，项目组主要开展了四次社区活动。第一次，组织 13 名绿寨村民到昆明参观一家名为思力的农药替代中心，听取了相关专家关于有机农业的专题讲座，并在美丽家园社区举办了"城乡居民见面会暨绿寨绿色农业展销会"。村民们带着自己的绿色农产品走进社区，并与社区居民建立了初步的信任关系。第二次，组织美丽家园和园西社区的 15 户居民进入绿寨体验生态环境、参观老品种稻谷（用农家肥代替化肥）、品尝农家饭、购买农民的土特产等。第三次，老品种稻谷丰收时，组织村民、社区居民和"思力"专家开展了"绿寨绿色生态老品种谷子品尝、质量鉴定及议价大会"，对农产品的营养、生态和文化价值、价格等做了说明。第四次，项目组与社区居委会、物业管理公司、业主委员会、"思力"合作，在美丽家园举办了"首届绿寨绿色生态老品种谷子交易会"，当年生产的 800 公斤老品种谷子在交易会上销售一空。项目组通过城乡合作和公平贸易使得城乡居民建立了互惠合作的关系，通过资产和能力建设，初步实现了参与各方的增权。

众所周知，中国是一个农业大国，农村人口占总人口的 70%，"三农"（农业、农村和农民）问题是困扰中国社会的首要问题之一。从某种程度上讲，当前开展农村社会工作较之城市社会工作更具积极意义。然而，西方专业社会工作模式是在应对工业化和城市化的基础上发展而来的，对于中国的农村社会问题不可能具有较好的契合度。再者，中国的农村与欧美的农村在形成历史、农业人口需求和发展程度上都有很大的不同，如果寄希望于美国模式来解决中国的农村问题显然是力不从心的。当前，美国乡村社会工作的内容主要是提供微观层面的社会服务，其一是个案服务，即为个人和家庭在酗酒、家庭暴力、情绪困扰、药物滥用、心理危机等方面提供服务；其二是社区服务，即社会工作者为社区协调和配置资源，培育社区领袖，推动社区组织建设。这些服务对于中国农村同样非常重要。而且，多数中国农民像上述案例中的绿寨村民一样，需要物质层面的帮扶，宏观层面的反贫困将是当前和未来中国农村社会工作的主要内容。这种现实境况的差异性决定了中国农村社会工作与欧美专业社会工作在工作方法、内容和受众需求方面存在较大差异，照搬和模仿欧美专业社会工作难以解决本土的问题，中国农村社会工作必须走土生化道路。

上述案例中，项目组进入绿寨之前，并没有羁绊于专业社会工作的基本框架，也没有带着专业社会工作的理念、价值、理论、方法和技巧机械地套用到中国农村现实中，而是立足于一种当地的实际境况和现实需求，保持一种在实践境遇中探索的态度。绿寨村民处于一种物质贫困、文化沉沦和环境污染相互交织的状态，项目组开始带着一种"缺乏"的视角审视这些问题，一方面归结于自然条件；另一方面归因于个体的"懒惰"和"愚昧"等。在这样一种视角的指引下，项目组主要致力于传统的救济式扶贫工作，如开发沼气、铺路、接自来水、兴建校舍、帮助妇女们出售手工艺品等。然而，这些反贫困措施都是短暂性的，不具有可持续性，而且在很大程度上导致了"等、靠、要"和"越扶越贫"的现象。对此，项目组又开始导向一种"优势视角"，首先，充分挖掘绿寨自身的优势，如环境和水资源的优势、传统耕作技术、老稻谷品种、传统民族文化及村民们迫切脱贫的动力等；其次，通过调查了解城市居民们对于绿色、无公害和无污染等农产品的消费需求；再次，通过社区教育引导村民们恢复传统农业耕作技术，开展另类农业，避免和降低使用化肥对环境造成的破坏，从而赋予农产品文化和符号价值；最后，通过引导城乡居民互惠合作，倡导一种"公平贸易"，从而改变绿寨村民的生活境况。由此可见，如图6-8所示，这是一种以能力建设和资产建立为核心的农村社会工作实践模式。它并没有囿于专业社会工作倡导的个案、小组和社区等工作方法，而是采用了一种灵活多变的工作方式，如走访农户、开会、群体决策等。立足农村现实境况，将农村的农业生产、经济发展、生态保护、文化建设、资产建设和村民的能力建设有机结合起来，充分地赋予了农民主体性和能动性，形成了一种长效的农村社会工作模式。

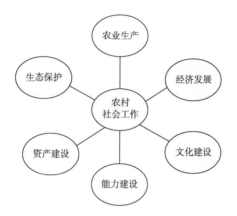

图 6-8　中国农村土生社会工作模式

综上所述，香港理工大学和云南大学师生在云南绿寨进行的为期七年的社会工作实践是一个典型的土生化探索例证。虽然在这个过程中师生们也吸取了专业社会工作的诸多理论，如优势视角理论、资产建设理论等，但其模式框架主体是扎根于本土的理论和实践经验的。尤其是借鉴和延续了梁漱溟等人在20世纪20~30年代倡导的乡村建设理论和实践模式，与村民同吃同住，注重社区调查，了解村民们的实际需求，强调乡村自救，将农业发展、基础设施建设、文化教育、培育乡村能人和构造乡村组织有机结合起来，从较为系统和宏观的层面入手解决乡村社会问题。这与欧美专业社会工作模式偏重于从微观层面的个体心理和行为出发解决问题具有较大差异性。当然，由于各种主客观条件的制约，以能力建设和资产建立为核心的社会工作模式还存在着不足，仍需要在实践中不断探索和完善，但其立足本土提炼社会工作模式的做法从某种程度上开了中国社会工作土生化的先河，沿着类似的思路和探索前行或许会有更多的发现与拓展。

第七章 结论与展望

本土化是当前中国社会工作研究领域的一项重要议题，社会工作要不要本土化已经不再是一个问题，如何本土化才是真正的问题。面对这样一个宏大而又棘手的研究议题，我们的研究将聚焦于三方面问题进行拓展与循证，一是在全球化日益迫近的境遇中，国际社会工作发展态势如何？对我国有何启示？二是在现实情境中，中国社会工作的本土化状况如何？三是中国社会工作的发展路径及未来走向如何？以这三个问题为指向，我们分别从国际社会工作发展路径及启示、中国社会工作本土化问题、中国社会工作土生化路径三方面寻求结论。

一　国际社会工作发展路径与启示

当前，国际社会工作舞台上活跃着两股重要的力量，一股是欧美发达国家推崇的专业化；另一股是亚非等发展中国家倡导的本土化。这两股力量的拉扯与排异、对峙与融合构成了国际社会工作的发展路径，一方面，发达国家以"英美"专业社会工作为轴心经历了一条"非专业化－半专业化－专业化－高度专业化"的路径，这条路径从不同程度折射出了欧美人的基督教情怀、科学实证主义精神、理性自由和潜力无限的个人价值。不仅如此，这条路径在应对和缓解工业化和城市化引发的社会问题进程中发挥了积极有效的作用。由此，专业社会工作具有了一种"光环效应"，自 20 世纪 50 年代以来，被众多发展中国家奉为一种"模板"而不断被复制。专业社会工作在向发展中国家扩展的过程中或多或少夹杂和渗透着某种"专业帝国主义"和"专业殖民主义"的倾向，其志向在于构建一种普适性的社会工作模式。在这样一种光环效应——专业帝国主义的助推之下，专业社会工作呈现出了一种"麦当劳化"的特征，即在各个国家都具有相似的哲学理念、价值伦理、理论方法、话语表达、角色担当、工作技巧、服务范域等。另一方面，发展中国家则走出了一条相异于发达国家的路径，即"非专业化－欧美化－本土化－土生化"，尽管这条道路发展较微弱，却具有重要的现实意义，我们有必要将其放大进行分析。在专业社会工作进入欧美之前，多数发展中国家各有其本土的一套助人体系和方法，即非专业社会工作。这些方法在应对转型中的社会问题时存在着一些弊端和不足，再加上欧美专业帝国主义的推动，发展中国家普遍抱有一种"专业理想主义"的幻象，寄希望于引进西方专业社会工作来应对和缓解本国的社会问题。在这样一种专业理想主义的趋势之下，发展中国家纷纷复制欧美的社会工作模式，特别是在教育领域尤为盛行。然而，这种照搬照抄的欧美模式在许多发展中国家出现了跨境域的水土不服，由此发展中国家开始了本土化探索。随着本土化探索的不断深入，一些发展中国家特别是非洲国家，开始意识到单纯依靠欧美模式为框架和驱动力的本土化很难真正解决本国的问题，因为发达国家与发展中国家的历史文化、制度结构、问题成因、受众需求、人格特质等是不尽相同的。自此一些发展中国家开始逐步摆脱欧美模式的羁绊，将本土化的重心转移到本国的实践中，依靠本土原生力融合专业社会工作，构建一种土生的社会工作模式。

在国际社会工作发展的两条路径中，欧美国家的路径相对强势，而发展中国家的路径相对微弱，但对于中国发展社会工作却具有更深远的意义。通过对这两条发展路径的梳理及其二者关系的分析，我们尝试得出五点启示。

其一，专业社会工作是一个科学和系统性的概念，包括哲学基础、专业伦理、理论知识、工作方法、实务模式、工作技巧、担当角色、受众需求等诸多要素。这些要素之间是一种相互依托和关联的关系。因此，社会工作的本土化必须是整个体系中各个要素的本土化，即必须澄清和探讨这些元素跨地域的局限与融合，而不是单个因素的本土化。

其二，在发达国家与发展中国家社会工作话语图式中，专业社会工作具有一种光环效应，被建构为一种科学的、专业的、成熟的、有效的和普适的专业和职业。而发展中国家的本土性助人工作则有意无意地淹没在专业社会工作的话语中，被矮化为一种落后的、非专业的、无效的、零散的、临时性的工作。发展中国家的社会工作本土化应具有反思、质疑和批判精神，一定要打破既有的话语图式，厘清专业社会工作自身的短板和应对发展中国家问题的不足，在本土性助人工作中寻求社会工作的原生质点和动力。

其三，发达国家和发展中国家受众需求、社会问题成因和求助习惯路径等不尽相同，因此，社会工作模式和服务领域也具有一定的差异性。一般而言，欧美社会工作，尤其是美国社会工作偏向于微观的临床辅导和治疗模式，其处理的主要是多元社会中的个体情绪、心理、行为和社会适应等精神层面的问题。而发展中国家面临的问题多为社会转型引发的制度和结构性问题，较多集中于物质和基本生活条件层面，具有规模性和同质性等特质。以此来看，发展中国家需要从社会制度结构层面入手，构建一种宏观性和行政性的社会工作模式。

其四，土生化是一种深度的本土化，它要跳出欧美社会工作模式，聚焦于本土社会工作者的实践和本土受众的实际需求。以本土性社会工作为中心和原点不断融合专业社会工作，构筑与中国本土历史脉络、文化习俗、政治制度、经济水平和社会发展程度相契合的社会工作模式。

其五，随着全球化和社会工作时代的来临，世界各国不得不面对全球性的社会问题，如贫困、失业、艾滋病、性别不平等、民族矛盾、环境污染等。基于此，一股新的国际性社会工作力量逐步萌生，随着世界各国社会工作的平等对话和互动交流，不论是发达国家的专业化路径还是发展中国家的本土化路径都有可能在国际性社会工作层面汇合（见图7-1）。一种包容性和灵活性的国际性社会工作框架未来可能形成，在

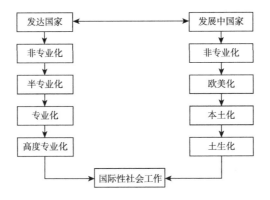

图7-1 国际社会工作发展路径

这个框架中不仅包含发达国家的专业社会工作，也包含发展中国家的土生化的社会工作，这是一种社会工作的融合和交流。

二 中国社会工作本土化探索与问题

社会工作本土化的实质是专业社会工作与本土现实相互融合的过程。中国社会工作的发展经历了一个由模糊到清晰、由潜在到显性、由教育到职业、由点到面、由制度外围向中心、由沿海开放城市向落后区域的扩散过程。如果按照专业化的分类标准，我们大致可以将其发展历程划分为四个阶段：传统社会工作非专业化阶段，民国社会工作专业化初步探索阶段，改革开放前社会工作断裂阶段和改革开放以来社会工作本土化探索阶段。其中，民国社会工作专业化初步探索阶段和改革开放以来社会工作本土化探索阶段是社会工作本土探索的重要时期。民国时期社会工作发展虽然短暂，但较之当前社会工作更具土生特性，特别是金陵大学和燕京大学等高校社会工作教育的探索，晏阳初、梁漱溟、陶行知等发起的乡村建设运动和社区教育，上海中山医院和北平协和医院的医务社会工作，李安宅对于边疆社会工作的研究和言心哲对于社会事业的论述等。这些本土性的探索对于今天发展社会工作仍具有重要的借鉴意义。改革开放至今，社会工作本土探索逐步迈向一种"后发快生"和"全面繁荣"的发展状态，在短暂的 30 年时间里，无论是在教育、职业还是在实践领域均取得了丰硕的成果。在社工教育方面，目前有 250 多所高校开设社会工作专业本科教育，100 多所高校开设社会工作硕士（MSW）教育，每年有近万名学生毕业；在职业化方面，助理社会工作师和社会工作师资格认证已经推开，上海模式、深圳模式、江西万载模式逐步形成；在实践方面，社会工作开始服务于众多领域，并开始探索本土性问题，如社会工作服务农民工问题、介入留守妇女儿童问题、干预群体性事件、处理灾后心理创伤、应对上访问题等。如果用一种审视和批判的态度来检视这些成果，我们会发现中国社会工作的本土化探索不同程度地存在着"梗阻"和"滞障"现象，我们也称之为"绞溢病象"，具体如下。

第一，社会工作成长的周期性与"大跃进"的矛盾。众所周知，社会工作是社会文明和进步的产物，也是研究者和实践者不断探索的产物，在欧美经历了百年的探寻和积淀。虽然中国社会工作处于一种"后发快生"状态，但由于中西在文化习俗、政治制度和社会需求等方面的差异性，社会工作发展依然需要"摸着石头过河"，需要一个反复本土化和反复试错的长期过程。然而，中国的社会工作则是在没有过多重视差异性和本土契合性的基础上发展起来的，某种程度上存在着"大跃进"的现象。具体体现在以下几方面。在教育方面，中国社会工作教育发展不同于西方，是在教学软硬件条件都不足和没有社会岗位需求的基础上发展起来。在短暂的20多年时间里相继有250多所高校开办社会工作教育，每年有1万余名毕业生，这些毕业生真正愿意从事并能胜任相关职业的寥寥无几。尽管如此，开设社会工作专业的院校依然在不断上升。在职业方面，2006年国家提出建设宏大社会工作人才队伍的目标，并按照"每千人2~2.5名社工"的美国标准规划未来需要300万名社工。在这样一种目标的驱动下，全国各地尤其是上海、深圳和广州等地社会工作机构纷纷注册成立，深圳仅一年就有20多家机构成立，许多高校教师也开办机构。目前，中国已经有社会工作者近200万人，而取得职业资格的仅有十几万人。这些社会工作者在胜任力方面存在较多问题，2010年广州市社会工作者协会调查显示，广州从事社工服务的专业人员年龄在21～25岁的占77.1%，从业两年以下的占82.8%，仅1/3的人员持有职业资格证书，78%的社工自感技能与经验不足，难以满足社区服务的需要。① 在社工实践方面，服务领域和范畴不断扩展，但实际效果仍有待进一步提高。由此可见，中国的社会工作本土化还需要扎根本土、循序渐进，避免"大跃进"式的粗放型发展。

第二，社会工作理论与实务的脱节。中国社会工作教育先于实践，一方面，社会工作专业主要嫁接在社会学基础上发展起来，受到学院派风格影响，重理论而轻实务；另一方面，社会工作教育存在某种程度的专业殖民化倾向，大量地翻译并引进欧美理论和实务模式。这些理论主要衍生于西方文化社会语境中，是基于欧美的文化价值、实际需求和对人性的假设而发展起来的。如果忽视了理论生长和适用范围，将其盲目应用到中国本土，很难切实解决问题。如在临床社会工作中，我们常常使用"危机介入模式"帮助有自杀意念的"五保"老人，用"家庭结构治疗模式"帮助功能失调的下岗工人家庭，用"理性情绪模式"帮助未婚母亲等，事实上，往往是收效甚微的。因为这些理论并没有经过本土的改造和调适。不仅如此，我们访谈的多数社会工作者表示，在实际工作中几乎不会运用到所学理论，专业社工理论充其量只可能提供一种分析问题的视角，而难以解决本土的实际问题。由此看来，中国的社会工

① 郑讯：《"买社工"也不能"大跃进"》，《羊城晚报》2012年7月6日。

作理论与实务是断层的，若要真正实现二者的衔接，除了改造专业理论之外，还必须基于本土实践提炼本土理论。

第三，专业身份的紊乱与危机。专业社会工作者在西方具有法律赋予的权威性和广泛的社会认受性，一般需要经过专业的培训和教育，并获得职业资格认证后受雇于社会工作机构，具有相对独立的专业身份。而中国目前的社会工作者在专业身份上是混乱的，其一，民政、司法、卫生和工青妇等系统中实际从事社会服务的人员多数没有接受过专业训练，且多数没有获得职业资格证书；其二，民办非营利社会工作机构中的社会工作者仅有少数人获得专业训练和持有职业资格，但他们大都缺少实际的工作经验且还没有获得社会的认同；其三，高校教师中有部分人获得了社会工作职业资格，但他们又不以助人为职业；其四，多数社会工作毕业生经过了专业的学习和实践并获取了职业资格，但多数不会从事社会工作或并没有合适的岗位提供给他们。这种混乱的状态缠绕在一起使得社会工作者独立的专业身份很难建立，亦没有形成强大的专业文化和认同力量。这就需要我们进一步规范社会工作岗位，通过立法等途径确立专业身份。

第四，各种利益主体的博弈。专业社会工作的主旨是致力于维护社会的公平正义，以当事人的利益为中心。而中国的社会工作发展却有所不同，我们目前实施的"政府出资购买服务"是社会工作机构拿到资金之后才去寻找服务对象。再加上社会工作处于快速发展阶段，各种运作和监管制度还不规范，很容易形成多种利益主体博弈的现象。如图7－2所示，当前围绕社会工作形成了政府、机构、社会工作者和民众等多重利益主体的博弈，其一，许多政府将发展社会工作视为一种政绩和形象

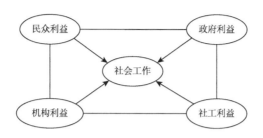

图 7－2　社会工作利益博弈

工程，一味追求发展的速度和模式构建，片面夸大发展水平和取得的成就，对于社会工作本土化中的问题避而不谈。其二，许多高校在不具备基本师资、实验设备、实习基地和实习督导等教学条件的基础上开设了社会工作专业，并大规模招生，有的还将培养专业硕士作为一种营利的手段，至于培养的学生能否找到工作或胜任岗位需求则不在考虑之列。其三，由于近年来国家降低了社会工作机构的注册门槛，大量的社会工作机构成立。这些机构大都先天不足，缺乏规范性的管理和专业人才，它们赖以生存的条件是获得政府购买服务的项目，因此有的机构为了赢得政府的项目甚至夸大和建构当事人的问题。《羊城晚报》透露，如今社工组织中，一人开办多个服务机构或在多个机构兼职，承接大量项目然后发包给学生的现象屡见不鲜。① 广州一位社工也说："只要是在民政部门登记注册的社会团体或民办非企业都可以参与政府购买服务项目，政府没有对承担服务的社工机构资质、专业人员的数量、结构等方面提出具体、明确的要求。这样怎么能保证提供服务的质量呢？"② 此外，许多高

---

① 郑迅：《"买社工"也不能"大跃进"》，《羊城晚报》2012 年 7 月 6 日。
② 郑迅：《"买社工"也不能"大跃进"》，《羊城晚报》2012 年 7 月 6 日。

校教师也加入开办社会工作服务机构的行列。其四，由于客观因素的存在，社会工作者目前的收入相对较低。但当前社会工作领域中争取社工自身利益的呼声大于为民众争取利益的呼声，有的甚至要求将社会工作者纳入公务员系统。我们并不否认在社会工作中要追求自身的利益，但追求自身利益多于为民众争取利益时就需要警醒了。其五，由于多种利益主体的存在，再加上缺乏有效的监督和评估机制，民众获得的服务数量和质量都是十分有限的。在广州调查时一位社工坦言："社会工作首先是对政府负责，其次是对机构负责，最后才能考虑服务对象。"

第五，社会工作的建构性。自 20 世纪 80 年代末社会工作进入中国，它就一直具有某种"光环效应"，被誉为和谐社会的"安全阀"与"稳压器"。从国家的主流话语、学者们的研究成果到一线社会工作者的声音都在表述社会工作的正向功能与作用，至于其自身的问题与不足则很少有人论及。在这些表达性的声音中，社会工作成为一种应对社会问题的万能专业，如推动下岗工人再就业、关爱留守妇女儿童、干预青少年网络成瘾、介入灾后社区重建、争取妇女合法权益、救助流浪人群、拓展农民工社会支持网络、反家庭暴力、应对群体性事件、处理群众上访、化解民族矛盾、对艾滋病人进行临终关怀等。似乎一切社会问题都应该与社会工作挂钩。诚然，我们绝不否认社会工作在应对这些问题方面的积极作用。然而，我们必须自省的是社会工作在处理和应对这些问题时真实效果如何？我们是否在这些方面进行了本土模式的探索和总结。事实上，我们对于社会工作处理本土问题时的经验总结和模式提炼是远不足够的。由此可见，社会工作的建构性逐步消解着它在本土化过程中的局限性与本真性。

综上可知，中国社会工作在本土化过程中存在着诸多问题，从某种程度上可以说这种本土化是粗放式和表面性的，其形式发展胜于内涵发展，表达性重要于现实性，移植性多于土生性。对此，我们必须聚焦于"本土性"，探索出一条中国式的发展路径。

三　中国社会工作土生化路径与展望

社会工作在中国的发展是一个持续本土化的过程，而本土化是一个动态的概念，在发展程度上有低级和高级阶段，其最终目标指向是构建一种本土性或土生性的社会工作模式。纵观国际社会工作态势和中国社会工作发展的现实，在前文论述的基础上，我们尝试延伸 Walton 和 Abo El Nasr 的模型图，提出中国社会工作发展路径的理想模型（见图 7 - 3）。一般而言，中国社会工作的发展可能会经过自我专业殖民化、本土化、土生化和国际网络化几个阶段，当然这几个阶段只是一种模糊性的存在，并没有一个精确的时间区间。

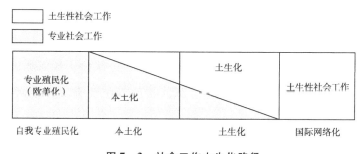

图 7 - 3　社会工作土生化路径

第一阶段，专业社会工作引进初期。社会工作作为一个舶来品，对多数人来说是一个完全陌生的概念。由于其在应对工业化和城市化进程中被赋予较高的使命和责任，因此我们对其普遍抱有一种专业理想主义的色彩，具体到现实层面就是复制和照搬欧美社会工作模式，使用欧美的价值伦理、理论知识、工作模式、技巧手法等。这一时期欧美框架和模式形塑与统摄着中国社会工作的发展，因此我们称之为自我专业殖民化时期。第二阶段，社会工作本土化时期。随着专业社会工作在本土的探索和尝试，人们开始意识到专业社会工作在本土的阈限，因此本土化成为一种议题。这个时期虽然社会工作仍然是以参照欧美模式为主，但本土性助人工作开始吸纳专业社会工作形成一种土生社会工作的雏形。第三阶段，社会工作土生化时期。随着社会工作本土化的深入发展，社会工作的焦点和重心开始转入本土性助人工作，本土性助人工作不断融合专业社会工作形成一种土生性的社会工作。第四阶段，国际网络化。未来随着土生社会工作的不断完善和成熟，我国将会积极参与国际性社会工作对话，并形成一种网络平台，为发达国家和第三世界国家提供借鉴。

鉴于中国社会工作本土化存在的诸多问题及其对于社会工作土生化路径的构想，我们尝试初步提出中国社会工作土生化的宏观性发展策略。

其一，检视社会工作本土化存在之问题，将社会工作发展的重心转移到本土性社会工作探索的轨道上来。摆脱专业社会工作模式、框架、术语和概念的束缚。通过开展专业社会工作与本土性助人工作的对话与交流消解二者之间"专业与非专业"的对立话语图式，以本土性助人工作为焦点循序渐进向外拓展，吸纳并融合专业社会工作，优劣互补，开启探索本土性社会工作模式的进程。

其二，将本土性社会工作构建成一门专业和学科，提炼和重构其存在的基础，主要包括哲学基础、价值灵魂、理论知识、伦理操守、实务技巧等。本土性助人工作之所以没有形成一种科学的专业，关键在于疏于归结和提炼这些基础，从而导致知识上缺少系统性和传承性。然而，这并不意味着本土性助人工作没有基础，其主要原因在于传统上我们并未将助人工作视为一种科学和专业。由此，这些基础可源于三方面，一是从本土哲学、价值、信仰、理论和生活常识中找寻；二是从专业社会工作知识体系中借鉴；三是依靠广大助人工作者的实践经验和智慧总结。

其三，厘定社会工作的服务领域与内容。当前中国社会工作服务领域是混乱的，似乎社会工作可以涉足任何领域。事实上，社会工作有其自身的工作范畴和局限性。根据我国的现实，将社会工作服务领域厘定为农村社会工作、城市社会工作、学校社会工作、家庭社会工作、民族社会工作、反贫困社会工作、矫正社会工作、灾害社会工作、义务社会工作、工业社会工作、青少年社会工作、儿童社会工作、老年人社会工作、残障社会工作、妇女社会工作和特殊群体社会工作。其中，特殊群体社会工作服务对象包括留守妇女儿童、流浪儿童、失足妇女、失地农民、毒品成瘾者、失独家庭、"五保"老人、艾滋病人、上访群体等。在这些服务领域中，我们还没有能力服务覆盖所有的人群，只能重点关注弱势群体，尤其是特殊群体；在服务内容上，应重点关注物质层面，兼顾心理和精神层面；在工作重点上应偏向于宏观性的社会工作实务模式。

其四，检视现有社会工作运行模式，不断探索和完善"政府购买服务"机制，构建契合本土政治、经济、文化和社会制度的运行模式。目前我们已经初步形成了上海模式、深圳模式、江西万载模式等，这些模式在取得宝贵的经验的同时也存在着诸多问题。基于此，我们要厘清

"政府－社工组织－民众"三者之间的关系及其各自的角色定位，通过政策法规建立健全社会工作者职业资格认证和审查制度，规范社会工作机构注册制度，完善社会工作督导制度，探索社会工作者晋升和工资待遇办法，推进和改良政府购买服务机制等。最重要的是，要将社会工作运行模式与本土性社会工作服务模式结合起来。

其五，通过探索一种有效的行动研究机制，引导研究者、教师、实务工作者和受众参与到本土性社会工作的建构中来，实现社会工作教育、研究和实务的有机结合。当前，我国的社会工作教育、研究和实务在一定程度上是相互脱节的。教育者和研究者多为"学院派"，比较重理论而轻实务，较少参与一线实务工作，而且深受欧美社会工作理论的影响，对于其本土性社会工作的探讨和研究不足；而一线社会工作者虽有较为丰富的"处遇知识"，但碍于精力和能力问题很难将这些知识升华和提炼；受众对于社会工作服务模式的契合性最有发言权，但由于缺乏一种主体性而被排斥在社会工作制度建构之外。基于此，我们需要将研究者、教师、实务者和受众纳入到行动研究中来，他们既是研究者，又是参与者和行动者，通过一种互动合作的研究过程逐步建构本土性的社会工作模式。

其六，在全球化视阈中探索土生性社会工作。一方面积极参与国际性社会工作的对话、交流与协作，融合发达国家专业化的优势，汲取发展中国家本土化的经验和教训；另一方面，扎根于本土性助人工作拓展出土生性社会工作，并走出去进行"社会工作反哺"，为国际社会工作贡献本土性的经验和模式。总而言之，当前，我们要需要构建一种行政主导的，宏观社会问题未指向的，以解决物质需求为主、精神需求为辅的，适应各地需求的灵活多元和开放式的社会工作模式。

　　综上所述，我们阐述了国际社会工作发展路径对中国的启示，检视了中国社会工作本土化存在的问题与不足。在这两者的基础上提出了中国社会工作土生化的路径和策略构想。当然，鉴于客观研究议题的宏大性和主观研究能力的局限性，本书尚存在诸多的问题，尤其是对于土生化路径和策略的论述还比较粗浅，还需要进一步深入细致的研究和探讨，这或许也是我们今后继续努力的原点和方向。最后，我们将引用社会学家詹姆斯·C. 斯科特的观点来警示中国社会工作如火如荼的发展态势。斯科特在《国家的视角：那些试图改善人类状况的项目是如何失败的》一书中认为，20 世纪许多乌托邦式的大型社会工程失败的共同原因是中央的规划和管理并不了解地方习惯和实践知识。[①] 以此来看，我们需要真正立足于民众需求、地方习惯和实践知识来发展社会工作。

---

　　① 〔美〕詹姆斯·C. 斯科特：《国家的视角：那些试图改善人类状况的项目是如何失败的》，王晓毅译，社会科学文献出版社，2011。

参考文献

1. 〔美〕埃里克·霍弗：《狂热分子：群众运动圣经》，梁永安译，广西师范大学出版社，2011。

2. 〔美〕艾米娅·利布里奇、里弗卡·图沃－玛沙奇、塔玛·奇尔波：《叙事研究：阅读、分析和诠释》，王红艳译，重庆大学出版社，2008。

3. 包心鉴：《坚定道路自信、理论自信、制度自信》，《人民日报》2012年12月7日。

4. 〔英〕布莱恩·科尔比：《社会工作研究的实践应用》，刘东等译，格致出版社、上海人民出版社，2010。

5. 陈劲松：《广义社会福利视野下社会工作的拓展》，《党政干部学刊》2008年第10期。

6. 陈树强：《社会工作在西方的理解》，《社会工作研究》1994年第1期。

7. 陈树强：《增权：社会工作理论与实践的新视角》，《社会学研究》2003年第5期。

8. 陈向明：《在行动中学作质的研究》，教育科学出版社，2003。

9. 池子华：《中国近代流民》（修订版），社会科学文献出版社，2007。

10. 崔颖：《澳大利亚的社区卫生服务与制约激励机制及其启发》，《中国全科医学》2011 年第 11 期。

11. 董汝舟：《中国农村经济的破产》，《东方杂志》1932 年第 7 期。

12. 范燕宁：《社会工作专业的历史发展与基础价值理念》，《首都师范大学学报》（社会科学版）2004 年第 1 期。

13. 范燕宁：《在对现实世界的批判反思中把握社会工作专业的本质》，《社会工作》2006 年第 10 期。

14. 费孝通：《文化与文化自觉》，群言出版社，2010。

15. 费正清、费维恺：《剑桥中华民国史》（1912～1949）（下卷），2007，中国社会科学出版社。

16. 符平：《"嵌入性"：两种取向及其分歧》，《社会学研究》2009 年第 5 期。

17. 古学斌：《社会工作教育与社会转型》，《思想战线》2011 年第 4 期。

18. 古学斌：《三重能力建设与社会工作教育》，《浙江工商大学学报》2011 年第 4 期。

19. 何国良：《社会工作的本质：论述分析的启示》，何国良、王思斌主编《华人社会：社会工作本质的初探》，八方文化企业公司，2000。

20. 何芸、卫小将：《着力强化农村五保老人社会支持网络——基于社会工作的分析视角》，《理论探索》2012 年第 4 期。

21. 奂平清：《"理论自觉"与中国社会学的发展——以郑杭生及其社会运行学派为例》，《西北师大学报》2012 年第 3 期。

22. 奂平清：《"理论自觉"与中国马克思主义社会学的发展——郑杭生的社会学理论立场及意义》，《甘肃社会科学》2012 年第 3 期。

23. 黄光国、胡先缙：《面子——中国人的权力游戏》，北京：中国人民大学出版社。

24. 黄盈盈、潘绥铭：《中国社会调查中的研究伦理：方法论层次的反思》，《中国社会科学》2009 年，第 3 期。

25. 黄宗智：《悖论社会与现代传统》，《读书》2005 年第 2 期。

26. 〔匈牙利〕卡尔·波兰尼：《大转型：我们时代的政治与经济起源》，冯钢等译，浙江人民出版社，2007。

27. 〔美〕肯尼思·格根：《社会构建的邀请》，许婧译，北京大学出版社，2011。

28. 〔美〕拉尔夫·多戈夫、弗兰克·M. 洛温伯格、唐纳·哈林顿：《社会工作伦理：实务工作指南》（第七版），隋玉杰等译，中国人民大学出版社，2005。

29. 李迍：《三问深圳社工制度》，《深圳商报》2012 年 2 月 21 日。

30. 李洁文：《社会工作文化问题探讨：从社会科学本土化到社会工作文化反思》，何洁云、阮曾媛琪编《迈向新世纪——社会工作理论与实践新趋势》，八方文化企业公司，1999。

31. 李文海：《民国时期社会调查丛编：底边社会卷》（下），福建教育出版社，2005。

32. 李迎生：《构建本土化的社会工作理论及其路径》，《社会科学》，2008 年第 5 期。

33. 李迎生、方舒：《中国社会工作模式的转型与发展》，《中国人民大学学报》2010 年第 3 期。

34. 李迎生、韩文瑞、黄建忠：《中国社会工作教育的发展》，《社会科学》2011 年第 5 期。

35. 李增禄：《社会工作概论》，巨流图书公司，1995。

36. 梁漱溟：《乡村建设理论》，世纪出版集团、上海人民出版社，2011。

37. 梁镗烈：《社会工作本色化初探》，http：//sociology. sysu. edu. cn，2009。

38. 廖荣利：《社会工作理论与模式》，五南图书出版公司，1987。

39. 刘继同：《社会工作专业"实务"概念框架的内涵外延、类型层次与基本特征》，《福建论坛》（人文社会科学版）2012 年第 1 期。

40. 〔德〕洛伊宁格尔：《第三只眼睛看中国》，王山译，山西人民出版社，1993。

41. 吕新萍：《价值理念的传递——MSW〈社会工作〉伦理课程教学的经验与反思》，《社会工作》2011 年第 2 期。

42. 〔美〕麦克·布洛维：《公共社会学》，沈原等译，社会科学文献出版社，2007。

43. 马凤芝：《政府与学院之间的伙伴关系对中国社会工作教育发展的意义》，《中国社会工作》1997 年第 4 期。

44. 马凤芝：《社会工作实践模式的演变及对我国的启示》，《中国青年政治学院学报》2013 年第 2 期。

45. 民政部社会工作司：《城市社会工作研究》，中国社会出版社，2011。

46. 民政部社会工作司：《农村社会工作研究》，中国社会出版社，2011。

47. 潘绥铭、侯荣庭、高培英：《社会工作伦理准则的本土化探讨》，《中州学刊》2012 年第 1 期。

48. 彭善民：《上海社会工作机构的生成轨迹与发展困境》，《社会科学》2010 年第 2 期。

49. 彭秀良：《守望与开新：近代中国的社会工作》，河北教育出版社，2010。

50. 秦炳杰、陈沃聪、钟剑华：《社会工作实践：基础理论》，香港理工大学出版社，2002。

51. 阮曾媛琪：《从社会工作的两极化看社会工作的本质》，何国良、王思斌编《华人社会工作本质的初探》，八方文化企业公司，2000。

52. 阮新邦：《"价值相关性"、"强价值介入论"与社会科学中国化的规范基础》，阮新邦、朱伟志编《社会科学本土化：多元视角解读》，八方文化企业公司，2001。

53. 阮新邦：《从诠释的角度评杨国枢的本土化社会科学观》，阮新邦、朱伟志编《社会科学本土化：多元视角解读》，八方文化企业公司，2001。

54. 阮新邦、朱伟志：《社会科学本土化：多元视角解读》，八方文化企业公司，2001。

55. 佘云楚：《香港社会工作专业化的梦魇：一个社会学的剖析》，何芝君、麦萍施编《本质与典范：社会工作的反思》，八方文化企业公司，2005。

56. 世界银行统计数据，《国际统计年鉴2010》。

57. 孙立平：《转型与断裂：改革以来中国社会结构的变迁》，清华大学出版社，2004。

58. 孙莹：《理念与策略——社会工作教育中的教学、研究与社会服务》，《中国青年政治学院学报》2005年第4期。

59. 王思斌：《中国社会工作的经验与发展》，《中国社会科学》1995年第

2 期。

60. 王思斌：《试论中国社会工作的本土化》，何国良、王思斌主编《华人社会工作的本质初探》，八方企业文化公司，2000。

61. 王思斌：《中国社会的求－助关系——制度与文化的视角》，《社会学研究》2001 年第 4 期。

62. 王思斌：《体制转变中社会工作的职业化进程》，《北京科技大学学报》（社会科学版）2006 年第 1 期。

63. 王思斌：《社会工作本土化之路》，北京大学出版社，2010。

64. 王思斌：《中国本土社会工作实践片论》，《江苏社会科学》2011 年第 1 期。

65. 王思斌：《中国社会工作的嵌入性发展》，《社会科学战线》2011 年第 2 期。

66. 王思斌、阮曾媛琪：《和谐社会建设背景下中国社会工作的发展》，《中国社会科学》2009 年第 10 期。

67. 卫小将：《社会工作本土化研究之阐释》，《学习与实践》2012 年第 5 期。

68. 卫小将、何芸：《叙事治疗在青少年社会工作中的应用》，《华东理工大学学报》（社会科学版）2008 年第 2 期。

69. 卫小将、李喆、苗艳梅：《我国社会工作的"绞溢"病象及其诊治的可能路径》，《华中科技大学学报》（社科版）2008 年第 2 期。

70. 魏铭言：《民政部官员称中国现有社工 20 万　尚缺口 180 万人》，《新京报》2011 年 11 月 27 日。

71. 吴水丽：《社会工作的处境化》，《香港社会工作学报》1989 年第

23 辑。

72. 夏建中：《社会学的社区主义理论》，《学术交流》2009 年第 8 期。

73. 夏建中：《社区概念与我国的城市社区建设》，《江南论坛》2011 年第 8 期。

74. 谢桂华：《市场转型与下岗工人》，《社会学研究》2006 年第 1 期。

75. 〔美〕亚瑟·亨·史密斯：《中国人的脸谱：第三只眼睛看中国》，龙靖译，陕西师范大学出版社，2007。

76. 闫磊：《中国社会工作发展历程的三维分析框架》，《创新》2012 年第 5 期。

77. 言心哲：《现代社会事业》，商务印书馆，1946。

78. 言心哲：《现代社会事业》，河北教育出版社，2012。

79. 晏鸿国：《晏阳初传略》，天地出版社，2005。

80. 杨国枢：《传统价值观与现代价值观能否并存？》，杨国枢编《中国人的价值观——科学观点》，桂冠图书公司，1993。

81. 杨中芳：《如何研究中国人：心理学研究本土化论文集》，重庆大学出版社，2009。

82. 于建嵘：《解决利益冲突是建设和谐社会的基础》，《南都周刊》2007 年 11 月 19 日。

83. 于显洋、孟亚男：《构建社会工作硕士专业学位教育的评估体系》，《河北大学学报》（哲学社会科学版）2011 年第 1 期。

84. 张本英：《18 世纪末至 19 世纪中期英国在印度的"文明使命"》，《安徽史学》2009 年第 2 期。

85. 张和清、杨锡聪、古学斌：《优势视角下的农村社会工作——以能力建设和资产建设为核心的农村社会工作实践模式》,《社会学研究》2008 年第 6 期。

86. 郑杭生:《促进中国社会学的"理论自觉"——我们需要什么样的中国社会学?》,《江苏社会科学》2009 年第 5 期。

87. 郑杭生:《中国和西方社会转型显著的不同点》,《人民论坛》2009 年第 5 期。

88. 郑迅:《"买社工"也不能"大跃进"》,《羊城晚报》2012 年 7 月 6 日。

89. 中国农民工问题研究总报告起草组:《中国农民工问题研究总报告》,《改革》2006 年第 5 期。

90. 周怡:《社会结构:由"形构"到"解构"——结构功能主义、结构主义和后结构主义理论走向》,《社会学研究》2000 年第 3 期。

91. 周志家:《社会系统于社会和谐:卢曼社会系统理论的整合观探析》,邴正主编《改革开放与中国社会学:中国社会学会学术年会获奖论文集》,社会科学文献出版社,2009。

92. 朱力:《大转型:中国社会问题透视》,宁夏人民出版社,1997。

93. 朱伟志:《香港社会工作蓝图再检视》,何洁云、阮曾媛琪编《迈向新世纪——社会工作理论与实践新趋势》,八方文化企业公司,1999。

94. 左芙蓉、刘继同:《改革开放以来中国社会工作教育发展进程研究述评》,《南京社会科学》2012 年第 3 期。

95.《还有多少人记得那些下岗工人》,http://news.cn.yahoo.com/xiaganggongren.html。

96.《中共中央关于国有企业改革和发展若干重大问题的决定》,《人民日报》1999 年 9 月 22 日。

97. Adair, John G. , 1999, "Indigenization of Psychology: The Concept and Its Practical Implementation", *Applied Psychology: An International Review* 48 (4).

98. Agoramoorthy, Govindasamy & Minna J. Hsu, 2008, "Reviving India's Grassroots Social Work for Sustainable Development", *International Social Work* 51 (4): 548.

99. Chambon, A. S. , A. Irving & L. Epstein, 2005,《福柯与社会工作》, 王增勇等译, 心理出版社。

100. Cheung, Maria & Liu Meng, 2004, "The Self-concept of Chinese Women and the Indigenization of Social Work in China", *International Social Work* 47 (1).

101. Elliott, Doreen, Nazneen S. Mayadas, & Thomas D. Watts, 1995, *International Handbook on Social Work Education*, Greenwood Press.

102. Kristin M. Fergusn, 2005 "Beyond Indigenization and Reconceptualization-Towards a Global, Multidirectional Model of Technology Transfer", *International Social Work* 48 (5).

103. Flexner, A. , 1915, "Is Social Work a Profession", *in Proceedings of the National Conference on Charities*.

104. Meal Gray & John Coates, 2010, " 'Indigenization' and Knowledge Development: Extending the Debate", *International Social work* 53 (5).

105. Meal Gray, 2005, "Dilemmas of International Social Work: Paradoxical Processes in Indigenization, Universalism and Imperialism", *International*

Journal of Social Welfare 14 (2).

106. Meal Gray & Jan Fook, 2004, "The Quest for a Universal Social Work: Some Issues and Implications", *Social Work Education* 23 (5).

107. Meal Gray, John Coates & Michael Yellow Bird, 2008, *Indigenous Social Work around the World: Towards Culturally Relevant Education and Practice.* Aldershot: Ashgate.

108. Huang Yunong & Xiong Zhang, 2008, "A reflection on the Indigenization Discourse in Social Work", *International Social Work* 51.

109. Osei-Hwedie, Kwaku, 1993, "The Challenge of Social Work in Africa: Starting the Indigenisation Process", *Journal of Social Development in Africa* 8.

110. Jim Ife, Nazneen S., Tomas D. Watts & Doreen Elliott, 1997, *International Hand Book on Social Work Theory and Practice*, Greenwood Press.

111. Larsson, Sam, Yvonne Sjöblom, 2010, "Perspectives on Narrative Methods in Social Work Research", *International Journal of Social Welfare* 19: 272 – 280.

112. James Midgley, 1997, "Promoting Reciprocal International Social Work Exchanges: Professional Imperialism", in Nazneen S. Mayadas, Thomas D. Watts, Doreen Welliott (eds.), *International Handbook on Social Work Theory and Practice*, British Library.

113. James Midgley, 1981, *Professional Imperialism: Social Work in the Third World.* London: Heinemann.

114. Miley, Karla Krogsrud, 1995, *Geniralist Social Work Practice: An*

Empowering Approach. Needham, Mass：Allyn and Bacon.

115. Mupedziswa, R. , 1992, "Africa at the Crossroads：Major Challenges for Social Work Education and Practice towards the Year 200", *Journal of Social Development in Africa* 2.

116. Nagpaul, Hans, 1993, "Analysis of Social Work Teaching Material in India：The Need for Indigenous Foundations", *International Social Work* 36.

117. Nazneen, S. , Tomas D. Watts, & Doreen Elliott, 1997, *International Hand Book on Social Work Theory and Practice*, Greenwood Press.

118. Nimmagadda, Jayashree & Diane R. Martell, 2010, "Home-Made Social Work：The Two-Way Transfer of Social Work Practice Knowledge between India and the USA", in Mel Grary, John Coates & Michael Yellow Bird (eds.), *Indigenous Social Work around the Word：Towards Cultural Relevant Education and Practice*, Ashgate.

119. Nyaribo, J. S. & A. Mugambi, 1980, "Social Development：Preventive and Developmental Trends", in *Social Work and Social Action*, Hong Kong：The Sixth International Symposium for the International Federation of Social Workers.

120. Payne, Malcolm & Gurid Age Askeland, 2008, *Globalization and International Social Work*, Ashgate.

121. Reisch, Michael & Eileen Gambrill, 1997, *Social Work in the 21ˢᵗ Century.* London：Pine Forge Press.

122. Tight, Malcolm, 2010, "The Curious Case of Case Study：A Viewpoint".

International Journal of Social Research Methodology 13（4）：329 – 339.

123. United Nations, 1971, *Training for Social Welfare：The Fifth International Survey*, New York.

124. Walton, Ronald G. , Medhat M. & Abo E. Nasr, 1988, "Indigenization and Authentization in Terms of Social Work in Egypt", *International Social Work* 1.

125. Wirth, Jan V. , 2009, "The Function of Social Work", *Journal of Social Work* 9（4）.

126. Witkin, Stanley L. , 2002, *Social Construction and Social Practice*, New York：Columbia University Press.

附录　美国社会工作者协会（NASW）伦理守则

（本守则于 1996 年 8 月由美国社会工作者协会会员大会通过，1997 年 1 月施行）

序　言

社会工作专业的首要使命在促进人类的福祉，协助人类满足其基本人性需求，尤其关注弱势群体、受压迫者及贫穷者的需求和增强其力量。社会工作的历史传统和形象定位皆着重于促进社会中的个人福祉和社会福祉。社会工作的基础就是关注那些产生、影响和引发生活问题的环境力量。

社会工作者协同或代理案主来促进社会正义和社会变迁。"案主"概指那些个人、家庭、团体、组织和社区。社会工作者要敏感于文化及种族的多元性，并致力于终结歧视、压迫、贫穷及其他形式的社会不公正。这些活动的形式包括：直接的实务工作、社区组织、督导、咨询、行政、倡导、社会和政治行动、政策发展和执行、教育、研究与评估。社会工作者寻求增进人们表达自我需求的能力，同时也追求促使组织、社区和其他社会机构对个人需求与社会问题的回应。

社会工作专业的使命立足于一整套核心价值。这些贯穿于社会工作专业历史的、为社会工作者所信奉的核心价值，是社会工作独特的目标与发展的基础：

- 服务
- 社会公正
- 个人尊严与价值
- 人际关系的重要性
- 正直
- 能力

这些核心价值的组合反映了社会工作专业的独特性，核心价值和由此衍生出的原则必须配合不同的人类社会环境及其复杂性而定。

NASW 伦理守则的目的

专业伦理是社会工作的核心，专业有义务说明它的基本价值、伦理原则和伦理标准。美国社会工作者协会的伦理守则阐述这些价值、原则与标准，以指引社会工作者的行为。这个守则与所有社会工作者、社会工作专业学生均有关，不因他们的专业功能、工作机构或服务对象不同而产生差异。

美国社会工作者协会伦理守则的六个主要目的：

1. 守则确定社会工作使命所立足的核心价值。

2. 守则概括了广泛的伦理原则，以反映专的核心价值，并建立一套指导社会工作实务的伦理标准。

3. 守则帮助社会工作者在专业职责相冲突或产生伦理疑惑时作为相关思考的依据。

4. 守则提供给社会大众了解社会工作专业责任的伦理标准。

5. 守则增进新进实务社会工作者的社会化，使其了解社会工作的使命、价值、伦理原则和伦理标准。

6. 守则阐明了社会工作专业自身的标准，得以评估社会工作者是否有违反职业伦理的行为。美国社会工作者协会有标准的程序来裁定对其会员的投诉。在签署这份守则时，社会工作者被要求配合其实施，参与NASW的裁定过程，并遵守美国社会工作者协会的任何纪律、规则和制裁。

当伦理议题发生时，守则提供一整套价值、原则和标准以指引做出决定和行为。它不是提供一套社会工作者在所有情景下如何行为的规范。守则在应用于特定情景时，必须考虑其背景及守则价值、原则和标准间产生冲突的可能性。伦理的职责源于所有的人际关系，包括个人、家庭、社会、专业的关系。

此外，当价值、原则和标准相冲突时，美国社会工作者协会伦理守则并未区别何者是最重要的或何者应加权。当价值、伦理原则和伦理标准冲突时，社会工作者之间对于优先顺序的排列，可能会存在着合理的分歧。在特定情景下的伦理抉择必须依靠个别社会工作者的充分判断，同时也应考虑专业的伦理标准在同辈的审查过程中将会如何被判断。

伦理抉择是一个过程。在社会工作的许多案例中，复杂的伦理议题无法用简单的答案去解决。社会工作者应详加考虑守则中与任何适当的伦理抉择情景有关的所有价值、原则和标准。社会工作者的抉择和行为都必须与本守则的精神与文字相一致。

除了守则外，还有许多有利于伦理思考的信息来源。社会工作者一般应思考伦理理论和原则、社会工作理论和研究、法律、规则、机构政策及其他相关的伦理守则等，并认识到在许多伦理原则中，美国社会工作者协会的伦理守则是社会工作者最首要的伦理守则来源。社会工作者也应觉察到案主的个人价值、文化和宗教信仰，以及实务工作者的个人价值、文化和宗教信仰对伦理抉择的影响。社会工作者应觉察到任何个人与专业价值的冲突，并负责任地加以处理。当面对伦理的两难时，为寻求更多的指导，社会工作者应参考专业伦理和伦理抉择的相关文献，寻找合适的咨询等。这些咨询顾问包括：机构内或社会工作组织的伦理委员会、管理机构、有学识的同事、督导或法律咨询。

当社会工作者协会伦理职责与机构政策、相关法律或规定冲突时，社会工作者应以符合本守则的价值、原则和标准的姿态，尽责地致力于解决冲突。如果尚无可能合理地解决冲突的方案，社会工作者应在做决定前寻求适当的咨询。

美国社会工作者协会伦理守则被美国社会工作者协会及个人、机构、组织和单位采用或作为参考构架〔例如：执照和管理委员会、专业责任险的提供者、法院、董（理）事会、政府机构和其他专业团体等〕。违反本守则的标准并不自动表示应承担法律责任或违法，只有经过法律与司法诉讼程序才能判定。有违反本守则之嫌者应先经过同辈审查程序，这个程序通常和法律或行政流程是分开的，也与法律审查或诉讼程序区分，以容许专业本身来咨询及规范自己的成员。

伦理守则并不能保证伦理的行为。而且，伦理守则也不能解决所有的伦理议题和争议，或涵盖在道德范围内做出负责任决定的所有复杂层面。更进一步说，伦理守则所阐述的价值、伦理原则和标准，仅供专业人员参考并判断其行动。社会工作者的伦理行为源于他们个人对投入伦理实务工作的承诺。美国社会工作者协会伦理守则反映了所有社会工作者对专业价值信守的承诺。一个品格高尚、明辨善恶、真诚的、寻求可靠的伦理抉择的人，必定会善用这些原则与标准。

伦理原则

以下广泛的伦理原则是立足于对社会工作的核心价值：服务，社会公正，个人的尊严与价值，人际关系的重要性，正直和能力。这些原则设定了所有的社会工作者都应追寻的理想。

价值一：服务

伦理原则：社会工作者最首要的目标就是帮助有需要的人们，并致力于社会问题的解决。

社会工作者应超越个人利益来提供对他人的服务。社会工作者依其专业知识、价值和技术来协助有需要的人们，并致力于社会问题的解决。社会工作者被鼓励在不期望相当经济回报下，自愿地奉献他们部分的专业技能（免费的服务）。

价值二：社会公正

伦理原则：社会工作者要挑战社会的不公正。

社会工作者追求社会变迁，尤其要协同和代表弱势、受压迫之个人和团体。社会工作者在社会变迁方面首要的努力应着重于：贫穷、失业、歧视及其他形态的社会不公正。这些活动寻求增加对压迫、文化和种族多元性的敏感度和知识。社会工作者致力于确保服务对象能够获得必要的信息、服务、资源、平等的机会，以及在全民决策上有意义的参与。

价值三：个人的尊严与价值

伦理原则：社会工作者尊重个人与生俱来的尊严与价值。

社会工作者以一种关怀与尊重的态度对待每个人，关注个别差异和文化及种族的多样性。社会工作者促进案主对社会负责的自我决定。社会工作者追求促进案主表达他们自我需求和改变的能力和机会。社会工作者认识到自己对案主以及广大社会的双重责任。他们寻求能够在符合专业的价值、伦理原则和伦理标准下，实践社会责任，以解决案主利益和广大社会利益间的冲突。

价值四：人际关系的重要性

伦理原则：社会工作者应认识到人际关系的核心重要性。

社会工作者了解人与人之间的关系是改变的重要工具。社会工作者在助人过程中扮演案主的伙伴角色。社会工作者在有目的的努力之下尝试去增强人际关系，以增强、恢复、维持和促进个人、家庭、社会团体、组织和社区的福祉。

价值五：正直

伦理原则：社会工作者的行为应是值得信赖的。

社会工作者要始终清醒地意识到专业的使命、价值、伦理原则和伦理标准，并能付之于实践。社会工作者以真诚和负责的行为，去履行其所属组织实践符合伦理的实务工作。

价值六：能力

伦理原则：社会工作者应在自己专业能力的范围内执行业务，并提升自己的专业技能。

社会工作者应持续地致力于增加自己的专业知识和技巧，并运用于实务工作中，社会工作者应期许自己对专业的知识基础有所贡献。

伦理标准

以下的伦理标准与所有的社会工作者的专业活动均有关系。这些标准关注的是：（1）社会工作者对案主的伦理责任；（2）社会工作者对同事的伦理责任；（3）社会工作者在实务机构的伦理责任；（4）社会工作者作为专业人员的伦理责任；（5）社会工作者对社会工作专业的伦理责任；（6）社会工作者对广大社会的伦理责任。

以下这些标准，有的在专业行为的指引上具有强制性，有的则是被期望去做的。具有强制性的每项标准，其尺度是由那些负责处理违反伦理事件的人员所做的专业判断和把握。

一、社会工作者对案主的伦理责任

1.01 对案主的承诺

社会工作者的首要责任是促进案主的福祉。一般而言，案主的利益是最优先的。但是，社会工作者对广大社会或特定法律的责任，也可能在某些情形下会取代对案主的承诺，而案主也应被这样告知。（例如：社会工作者被法律要求通报案主虐待小孩，或曾威胁要伤害自己或他人。）

1.02 自决

社会工作者尊重且促进案主的自决权，并协助案主尽力确认和澄清他们的目标。在社会工作者的专业判断下，当案主的行动或潜在行动具有严重的、可预见的和立即的危险会伤害自己或他人时，社会工作者可以限制案主的自决权。

1.03 告知后同意

（a）社会工作者只应在获得案主适当而有效的告知后同意的专业关系范围内来提供服务，必须以清楚和易懂的语言告知案主：服务的目标，服务中有关的风险，由于第三者付费规定而产生的服务限制，相关的费用，合理的选择方案，案主可以拒绝或撤回同意的权利，同意的时间范围等。社会工作者应给案主提问的机会。

（b）如果案主不识字或对实务机构内所使用的基本语言难以理解，社会工作者应采取行动以确保案主能理解。这可能包括：提供案主详细的口头说明，或尽可能安排合格的翻译人员。

（c）如果案主缺乏告知后同意的能力，社会工作者应寻求适当的第三者的同意，并以案主所能理解的程度告知案主，以保护案主的利益。在这种情形下，社会工作者应确认所找的第三者是符合案主的期望和利益的。社会工作者应采取必要的步骤增强这些案主提供告知后同意的能力。

（d）如果案主属于非自愿的个案，社会工作者应提供下列信息给案主，包括服务的本质和内容、案主拒绝服务的权利范围。

（e）如果社会工作者借由电子媒体（如：电脑、电话、广播和电视）提供服务，应告知服务接受者这类服务的限制和风险。

（f）社会工作者应在录音、录像或允许第三者旁观之前，得到案主的告知后同意。

1.04　能力

（a）社会工作者应仅在自己所受的教育、训练、执照、证书，所受的咨询或被督导的经验，及相关专业经验的范围内提供服务和展现自己。

（b）当社会工作者要在独立的领域提供服务，或使用新的介入技术或取向，应在相当的研习、训练、咨询或接受具备该介入技术或取向的专家督导下才可施行。

（c）在普遍认同的标准尚未建立的新兴实务工作领域中，社会工作者应谨慎地判断，并采取负责的步骤（包括：适当的教育、研究、训练、咨询和督导），以确保能胜任这一工作，并能保护案主免受伤害。

1.05　文化能力与社会多元

（a）社会工作者必须了解文化及其对人类行为和社会的功能，并认识到存在于所有文化中的力量。

（b）社会工作者应具备对案主文化背景的知识基础，并在提供服务时能展现对案主文化的敏感度，也要能分辨不同人群和文化群体间的差异。

（c）社会工作者应通过教育并致力于了解社会多元化的本质，以及关于民族、种族、国籍、肤色、性别、性倾向、年龄、婚姻状况、政治理念、宗教信仰或身心障碍等问题。

1.06　利益冲突

（a）社会工作者应警觉并避免会影响到专业裁量权和公正判断的利益冲突。当实际或潜在的利益冲突发生时，社会工作者应告知案主，并以案主之利益为优先或尽可能保护案主最大利益的态度，来采取必要的步骤解决争端。在某些案例中，有时为了保护案主的利益，必须终止专业关系并做适当转介。

（b）社会工作者不应从任何专业关系中获取不当利益，或是剥削其他人以得到个人的、宗教的、政治的或是商业的利益。

（c）社会工作者不应与现有或先前的案主产生双重或多重的关系，以避免剥削或可能伤害案主的风险。如果双重或多重关系难以避免，社会工作者应采取行动保护案主，并有责任设定清楚的、适当的及符合文化敏感性的界限。（当社会工作者和案主产生超过一种以上的关系，不论是专业的、社交的或商业的关系，即是双重或多重关系。双重或多重关系可能同时存在或接连发生。）

（d）当社会工作者对彼此有关系的两种或两种以上的人提供服务时（例如：配偶、家庭成员），必须向所有的人澄清谁才是案主，并说明社会工作者对不同个人的专业职责的本质。社会工作者在面对服务对象间的利益冲突时，或是必须扮演可能冲突的角色（例如：社会工作者被要求在儿童保护个案的争议中作证，或在案主的离婚诉讼程序中作证），社会工作者必须向有关人员澄清他们的角色，并采取适当行动将任何利益冲突降到最低。

1.07　隐私与保密

（a）社会工作者应尊重案主的隐私权。除非为提供服务或进行社会工作评估或研究的必要，否则不应诱使案主说出隐私信息。一旦隐私信息提供出来，保密标准就要用上。

（b）社会工作者若要公开这些保密的信息，必须要经过案主确切的同意，或是经过合法授权的案主代理人同意。

（c）除非迫于专业理由，否则社会工作者必须对专业服务过程中所获得的所有信息加以保密。社会工作者应该严守资料机密，一般例外的情况如下：预防案主或可确认的第三者遭遇严重的、可预见的、立即的伤害时，或是法律或法规要求揭露而不需案主同意。无论如何，社会工作者应公开与达成目标最必要且最少量的保密信息，而且只有与目标直接相关的信息才可以公开暴露。

（d）社会工作者应在公开保密资料前，在可能的情况下，告知案主保密资料的公开以及可能产生的结果。不论是社会工作者应法律之要求或是案主同意而公开保密资料，均应如此。

（e）社会工作者必须和案主及其他利益相关者讨论保密的本质和案主隐私权的限制。社会工作者应与案主讨论在某些情况下保密的信息需要提供出来，以及依法必须解密时对案主可能产生的后果。这项讨论应在社会工作者与案主建立专业关系后尽快安排，而如有必要，在专业关系的全程中均可讨论。

（f）当社会工作者给家庭、夫妻或团体提供咨询服务，社会工作者应与参与者达成协议，有关每个成员的保密权利，及对他人所分享的机密资料的保密义务。社会工作者也必须提醒参加家庭、夫妻或团体咨询的成员，社会工作者没有办法保证所有的参与者均能遵守他们的保密协议。

（g）社会工作者应告知参与家庭、夫妻、婚姻或团体咨询的案主，有关社会工作者、雇主和机构对于社会工作者在咨询中在其成员间公开机密资料的相关政策。

（h）社会工作者除非获得案主的授权，否则不可泄露咨询机密给付费用的第三者。

（i）除非社会工作者可以确定隐私权能被保障，否则不可以在任何场合讨论咨询机密资料。社会工作者也不可以在公开或半公开的场所，如：大堂、接待室、电梯和餐厅等，讨论咨询机密资料。

（j）在诉讼过程中，社会工作者仍应在法律允许的范围内保护案主的机密。倘若未经案主同意揭露这些机密或资料，以及泄密会伤害到案主，即使这是法庭的要求或是其他法定代理人的命令，社会工作者也应要求法庭撤回命令，或是尽可能限制命令的范围，要求保持记录是密封的，或是使记录在公开调查中不会曝光。

（k）在面对大众媒体时，社会工作者应保护案主的隐私权。

（l）社会工作者应保护案主书面、电子或其他敏感性资料。社会工作者应采取可行步骤确保案主的记录存放在安全的处所，并确保其他未被授权的人无法接触到这些记录。

（m）社会工作者对于运用电脑、电子邮件、传真机、电话、电话答录机，以及其他电子或电脑科技传送机密资料时，要注意确保其安全性。必须避免在任何可能情况下泄露可供辨识的资料。

（n）社会工作者在转送和清理案主记录时，应保护案主的隐私权，也应符合国家法令规章和社会工作者的执照规范。

（o）社会工作者在面临终止服务、停业或死亡时，应采取可行的防备措施以保护案主的隐私权。

（p）社会工作者为教学与训练目的而讨论到案主时，除非案主同意暴露机密资料，否则不可泄露任何可供辨认的信息。

（q）社会工作者在做咨询而讨论到案主时，除非案主的同意或有强制性的需要，否则不可泄露任何可供辨认的信息。

（r）即使案主去世，社会工作者也应以上述一致的标准来保护案主的隐私权。

1.08　记录的接近

（a）社会工作者应提供案主合理地接近与其自身有关的记录。如果案主在看到与自己有关的记录时，可能会有严重的误解或受到伤害，社会工作者应提供适当的协助以向案主解释或给予咨询。只有在明显的证据显示可能造成案主严重伤害的例外情况下，社会工作者才可以限制案主取得全部或部分的记录。在案主的档案中必须记载清楚案主对记录查看的要求以及限制案主查看全部或部分资料的理由。

（b）当案主提供案主接触其记录时，社会工作者必须采取行动保护记录中被提及或被讨论到的其他人的隐私权。

1.09　性关系

（a）社会工作者无论在任何情况下都不可以和当前的案主发生自愿同意的或是强迫性的性行为或性接触。

（b）当对案主有剥削的风险或潜在的伤害时，社会工作者不可以与案主的亲属或案主有亲密个人关系的他人发生性行为或性接触。与案主的亲属或与案主有亲密个人关系的他人发生性关系或性接触可能会伤害案主，也会使社会工作者和案主间难以维持适当的专业界限。社会工作者应负有全部责任去建立一种清楚的、适当的，以及符合文化敏感度的关系界限，而不是靠案主、案主的亲属，或是与案主有亲密个人关系的人来负这样的责任。

（c）社会工作者不可以和以前的案主发生性行为或性接触，以免潜在地对案主产生伤害。如果社会工作者的行为违背了这项禁令，或是声称在某些特殊情况下可以例外，那么是社会工作者而不是案主，应负有完全的责任证明先前的案主并未遭受到有意或无意的剥削、强制或操纵。

（d）社会工作者不可以对以前曾与自己有性关系之个人提供临床服务。对先前的性伴侣提供临床服务有可能对其产生伤害，并使得社会工作者与个人之间难以维持适当的专业界限。

1.10　肢体接触

如果肢体接触的结果有可能对案主产生心理上的伤害（例如：轻抱怀里或抚爱案主），社会工作者不应与案主有肢体的接触。社会工作者在与案主有适当的肢体接触时，有责任设定一个清楚的、适当的和具文化敏感度的界限以约束类似的肢体接触。

1.11　性骚扰

社会工作者不准对案主性骚扰。性骚扰包括：性的示好、性的诱惑、要求性行为以及其他含有性本质的语言或肢体的接触。

1.12　诽谤的语言

社会工作者在与案主沟通或提及案主的文字或语言中，不应使用诽谤的语言。社会工作者在所有与案主沟通或提及案主时，应使用正确且尊重的语言。

1.13　服务的付费

（a）对于服务费用的决定，社会工作者应确保收费的价格是公平的、合理的，并且相当于所提供的服务，也要考虑案主的承受能力。

（b）社会工作者应避免接受案主的礼物或服务以作为专业服务的报酬。交易（特别是牵涉到服务的交易）制造了社会工作者与案主间潜在的利益冲突、剥削及不适当的关系界限。社会工作者只有在极其有限的情况下才可去探索和从事这类交易，如：当地专业人员已接受的做法，对服务的提供而言是重要的、没有强制的交易协商，以及由案主主动提出并得到案主的告知后同意。社会工作者在接受案主的礼物或服务以作为服务的报酬时，其负有完全的责任以表明这项安排不会伤害到案主或专业关系。

（c）社会工作者经由雇主或机构的安排为案主提供服务时，不应请求私人的费用或其他报酬。

1.14　缺乏决定能力的案主

当社会工作者必须代理无决定能力的案主时，社会工作者应采取合理的步骤以保障此案主的利益和权利。

1.15　服务的中断

社会工作者在面临如服务缺乏、搬迁、疾病、身心障碍或是死亡而导致服务中断时，应尽合理的努力来确保服务的延续。

1.16　服务的终止

（a）当服务与专业关系不再有需要时，或其不再符合案主需要或利益时，社会工作者应终止服务以及专业关系。

（b）社会工作者应采行合理的步骤以避免对仍有需要的案主终止其服务。社会工作者只有在非同寻常的情况下才可仓促地撤回服务，并要审慎思考各项因素，使得负面影响减至最低。社会工作者应协助适当的安排以延续必要的服务。

（c）社会工作者在付费服务的机构中，如果事先曾与案主有清楚的财务合约说明，如果案主没有对自己或他人有立即的危险，以及如果曾与案主说明和讨论未付款所造成的临床上与其他的后果，则社会工作者可以终止对逾期未付款的案主的服务。

（d）社会工作者不应为了与案主建立社会的、经济上的或是性的关系而终止其服务。

（e）当社会工作者预备终止或中断对案主的服务时，应立即通知案主，并且依照案主的需求和意愿寻求服务的转案、转介或延续服务。

（f）社会工作者如果要离开受雇机构，应该告知案主适当选择延续服务以及这些选择的优点与风险。

二、社会工作者对同事的伦理责任

2.01　尊重

（a）社会工作者应尊重同事，并且正确而公正地陈述同事的资格、观点和职责。

（b）社会工作者在与案主或其他专业人员沟通时，应避免对同事的不当的负面评论。不当的负面评论包括对同事的能力水准或是其个人特征，如：民族、种族、国籍、肤色、性别、性倾向、年龄、婚姻状况、政治信仰、宗教信仰或身心障碍等的贬低和批评。

（c）社会工作者应与其他社会工作者同事或其他专业同事合作，以增进案主的福祉。

2.02　保密

社会工作者对于同事在专业关系和转介流程中所分享到的案主资料，应予以保密。社会工作者应确保这些同事了解社会工作者尊重隐私权以及有关隐私权例外情境的职责。

2.03　学科间的合作

（a）社会工作者担任跨学科团队的成员时，应基于社会工作专业的观点、价值与经验，以参与并贡献于影响案主福祉的决策，应建立跨学科团队作为一个整体和其成员的专业及伦理职责。

（b）社会工作者所处的团队决定若引发伦理的顾虑，应通过适当的渠道来尝试解决分歧。如果这些分歧无法解决，社会工作者应寻求其他的途径来表明与案主的福祉相一致的关切。

2.04 同事涉入争议

（a）社会工作者不应利用同事与雇主之间的争议，以谋取职位或其他个人利益。

（b）社会工作者与同事发生争执时，不应使案主受到剥削，也不应不恰当地与案主讨论社会工作者与同事间的冲突。

2.05 咨询

（a）社会工作者为案主最佳利益着想，应寻求同事的建议与咨询。

（b）社会工作者应了解同事的专长领域与能力，在向同事咨询时，应仅就那些拥有咨询主题相关知识、专长和能力的同事为限。

（c）社会工作者在向同事咨询有关案主的问题时，在达到咨询的目标之下，应尽量减少信息的透露。

2.06 转介服务

（a）当其他专业人员的特殊知识或专长，对提供案主完整的服务是必要时；或是当社会工作者认为自己的服务没有效果时；或无法与案主有合理的进展但需要更进一步的服务时，社会工作者应将案主转介给其他专业人员。

（b）当社会工作者要将案主转介给其他专业人员时，应采取适当步骤以有助于依序地完成责任的转移。社会工作者将案主转介给其他专业人员时，在获得案主的同意下，要将所有适当的信息提供给新的服务提供者。

（c）当转介的社会工作者并未提供专业的服务时，社会工作者禁止在转介时给予或接受报酬。

2.07　性关系

（a）社会工作者在担任督导或教育者时，不应与受督导者、学生、受训者，或在其专业权威之下的其他同事发生性行为或性关系。

（b）当有利益冲突的可能时，社会工作者应该避免与同事发生性关系，社会工作者已经或是即将与同事涉及性关系，必要时有职责转换专业责任以避免利益冲突。

2.08　性骚扰

社会工作者不应对受督导者、学生、受训者或同事进行以下的性骚扰：性的示好，性的诱惑，要求性行为及其他含有性本质的语言或肢体的接触。

2.09　同事之个人问题

（a）当社会工作者直接知道自己的社会工作同事因为个人问题、心理社会压力、物质滥用或心理健康的困难而损及他们的表现及影响他们的实务工作效果时，如果可能的话，应与同事咨询讨论，并帮助其采取补救的行动。

（b）当社会工作者相信同事的个人问题将影响其实务工作的效果，而这位同事并未采取充分的步骤去面对和处理时，社会工作者应通过由雇主、机构、美国社会工作者协会、执照和管理委员会，以及其他专业组织所建立的适当途径来采取行动。

2.10　同事之能力不足

（a）当社会工作者直接知道其同事的能力不足时，如果可能的话，应与同事咨询讨论，并帮助其采取补救的行动。

（b）当社会工作者相信同事是能力不足的，而这位同事并未采取充分的步骤去面对和处理时，社会工作者应通过由雇主、机构、美国社会工作者协会、执照和管理委员会，以及其他专业组织所建立的适当途径来采取行动。

2.11　同事之不伦行为

（a）社会工作者应采取适当的规范来劝阻、预防、揭穿和纠正同事的不伦行为。

（b）社会工作者应知晓处理同事不伦行为的现有政策与程序。社会工作者必须熟悉联邦、州和地方政府处理伦理申诉的程序。这些包括由美国社会工作者协会、执照及管理委员会、雇主机构和其他专业组织所制订的政策和程序。

（c）当社会工作者相信同事的行为不伦时，如果可行或讨论是有用的，应与其讨论大家的关切并寻求解决。

（d）在社会工作者相信同事的行为不伦的情况下，必要时，社会工作者应通过一些适当的正式渠道来采取行动（例如：联系州政府负责执照的委员会或管理机构、美国社会工作者协会的调查委员会，或其他的专业伦理委员会）。

（e）社会工作者应该替那些受到不公正的指控为不伦行为的同事辩护并给予帮助。

三、社会工作者在实务机构的伦理责任

3.01　督导与咨询

（a）社会工作者必须具备适当的知识和技能以提供督导或咨询，但应仅限于自己知识与能力范围内提供督导与咨询。

（b）社会工作者在提供督导或咨询时，有责任设定一个清楚的、适当的和具文化敏感度的关系界限。

（c）社会工作者不应该和受督导者发生双重或多重关系，以避免对受督导者产生剥削或潜在伤害的危险。

（d）社会工作者在担任督导时，对于受督导者的表现应予以公正与尊重的评估。

3.02　教育和训练

（a）社会工作者在担任教育者、实习督导或训练者时，应仅限于自己知识与能力范围内提供指导，且提供的是专业中最合乎潮流的、有助益的咨询和知识。

（b）社会工作者在担任教育者或实习督导时，对于学生的表现应予以公正与尊重的评估。

（c）社会工作者在担任学生的教育者或实习督导时，若是由学生提供对案主的服务，则有责任采取行动确认案主已依程序被告知。

（d）社会工作者在担任学生的教育者或实习督导时，不应该和学生发生双重或多重关系，以避免对学生产生剥削或潜在伤害的危险，社会工作教育和实习督导，有责任设定一个清楚的、适当的和具文化敏感度的界限。

3.03 绩效评估

社会工作者应以公正而周全的态度对其他人的表现加以评估，并依据清楚且明示的评估标准而为之。

3.04 案主记录

（a）社会工作者有责任确保记录的正确性并且能反映出所提供的服务。

（b）社会工作者应确保记录的内容是充分的且合乎时效的，以利于未来服务的提供和确保服务的延续性。

（c）社会工作者的档案应尽可能地、适当地保护案主的隐私权，且仅记录与服务直接相关的信息。

（d）社会工作者在服务结束时应保存记录以供未来需要时使用，并依州政府法律或相关契约要求保留记录若干年。

3.05 付账

社会工作者应建立并维持能准确反映与所提供服务本质和内容相一致的付费方式，并能指明实务机构中由谁提供了服务。

3.06 转案

（a）当案主正在接受其他机构或同事的服务而来寻求社会工作者的服务时，社会工作者在同意提供服务之前应谨慎考虑案主的需求。为了降低可能的混淆与冲突，社会工作者应与未来可能的案主讨论他（她）与其他服务提供者关系的本质，及与新的服务提供者建立关系后的含义，其中包括可能的利益与风险。

（b）当新的案主曾接受其他机构或同事的服务，社会工作者在考虑案主的最佳利益下，应与这位案主讨论是否向他（她）先前的服务提供者提出咨询。

3.07　行政

（a）社会工作行政人员应在机构内外倡导为案主需求提供充分的资源。

（b）社会工作者应倡导资源分配程序是公开且公平的，当并非所有案主的需求都能被满足时，应建立一个没有歧视、适当且原则一致的分配程序。

（c）身为行政人员，社会工作者有责任确保机构或组织有足够资源以提供员工适当的督导。

（d）社会工作行政人员有责任确保他们所负责的工作环境是符合且遵守美国社会工作者协会的伦理守则。也有责任消除他们组织内违背、抵触或不鼓励遵守伦理守则的情形。

3.08　继续教育与员工发展

社会工作行政人员和督导有责任为他们负责的所有职员提供或安排继续教育与员工发展。继续教育与员工发展应讲授有关社会工作实务和伦理的新的知识与未来发展。

3.09　对雇主的承诺

（a）社会工作者一般应坚持对雇主和受雇组织的承诺。

（b）社会工作者应致力于改进受雇机构的政策、程序及服务的效率与效果。

（c）社会工作者有责任确保雇主能了解社会工作者应该遵循美国社会工作者协会的伦理守则的义务，以及这些义务所赋予社会工作实务的含义。

（d）社会工作者不应让受雇组织的政策、程序、规定或行政命令抵触他们的社会工作的伦理实务。社会工作者有责任确保受雇组织的实务工作是与美国社会工作者协会的伦理守则一致的。

（e）社会工作者应采取行动以预防或消除受雇组织在工作分派、雇用政策和做法上的歧视。

（f）社会工作者仅在组织实行公正的人事制度下受雇或安排学生实习。

（g）社会工作者应尽心地管理受雇组织的资源，适当且明智地保管基金，决不滥用基金或不依指定用途使用基金。

3.10 劳资争议

（a）社会工作者可以参与有组织的活动，包括：工会的组成和参与，以改善对案主的服务与工作条件。

（b）社会工作者应在专业价值、伦理守则和标准的指引下投入劳资争议、抗议行动或罢工。在实际或可能具威胁性的罢工或抗议行动发生时，社会工作者在考虑他们身为一个专业人员的首要义务时，可能存在各种不同的意见。社会工作者应该在决定投入行动前，审慎地检视相关的问题以及可能对案主的影响。

四、社会工作者作为专业人员的伦理责任

4.01 能力

（a）社会工作者在接受任务或受雇时，应仅立足于现有的能力，或具有取得必备能力的意愿。

（b）社会工作者应致力达成与维持熟练的专业实务和专业功能的发

挥。社会工作者应批判地检视与取得最新的社会工作相关知识。社会工作者应经常地阅读专业文献并接受与社会工作实务和社会工作伦理相关的继续教育。

（c）社会工作者应根据已有知识来提供服务，包括与社会工作和社会工作伦理相关的实证基础知识。

4.02　歧视

社会工作者不应从事、包容、推动或配合各种形式的歧视，包括源自民族、种族、国籍、肤色、性别、性倾向、年龄、婚姻状况、政治信仰、宗教或身心障碍等的歧视。

4.03　个人行为

社会工作者不应允许其个人的行为干扰到自己执行专业职责的能力。

4.04　不诚实、欺诈、诱骗

后　记

　　毕业一年后回首往事，感慨良多。感谢香港理工大学应用社会学系的潘毅和古学斌老师，在他们的大力支持之下，我的博士论文才得以出版。潘老师和古老师都是国际知名学者，能跟随他们学习和研究是一件幸事。感谢中央民族大学民族学与社会学学院的全体教师，他们的"收留"使我能在已走过十个年头的教师路上继续前行。感谢社会科学文献出版社林尧编辑的严谨态度和敬业精神。除此之外，别无赘言，原博士论文后记援引如下。

　　长达近一年的论文写作终于告一段落了，此刻的心情没有欣喜，却充满了忐忑。用导师李迎生教授的话说："写博士论文是一件永无止境的事情。"正是这种无休止的雕琢和思索让人体会到了学术研究的快乐与苦痛。有时面对论文就像面对自己的孩子，总觉"完美至极"，哪怕删去一个字都像割掉自己的肉一样极不情愿。有时通篇阅读又觉一无是处，几欲全部推翻，甚至怀疑自己是否适合走"学术"这条路。有时感觉内心深处常有两个"我"在对话，一个"我"为有新观点沾沾自喜之余往往又被另一个"我"所否定；另一个"我"在没有思路而绝望的同时，这个"我"又会帮忙找到新的出路。就是在这样一种喜忧交加、苦乐循环的过程中，我初步完成了自己的博士论文。当然，在此过程中我也得到了很多师友的帮扶、同窗的鼓励与家人的支持，这些让我无以为报，只能以文字的形式来表达我的微薄谢意。

在中国人民大学的求学生涯中最值得感谢的人是我的导师李迎生教授。三年前，在众多的导师中我选择了报考李老师的博士生，在众多的学生当中，李老师也选择了我，这种选择使我们结下了一种难以割舍的师生情谊。李老师是学生们心目中有名的"严师"，他不仅教会我学术研究和论文写作的理路与技术，更重要的是让我坚定了在喧嚣浮华的社会中持守学术研究的信念，他对我的各种有形与无形的帮助和影响将使我受益终身。此外，还要感谢北京大学的王思斌教授，在我攻读香港理工大学社会工作硕士学位期间，王老师曾为我们讲授"中国社会问题"，他也是国内研究社会工作本土化的专家，我的博士论文也曾与他进行过多次交流。从某种程度上讲，王老师也是我生命中的贵人，每当在学习、工作和生活中遇到困难时，除了求助于李老师之外也免不了麻烦王老师，王老师总是尽其所能给予帮助，这让我铭记于心。感谢香港理工大学的古学斌副教授、叶少勤女士和叶嘉宝女士，他们都是我在香港理工大学攻读硕士学位时的老师，尽管我已毕业多年，但他们却一如既往地关心我的研究、生活和找工作的情况，这种牵挂使我时常感受到"家"的温暖。感谢日本爱知大学的松冈正子教授，在日本的一年时间里，松冈教授引领我迈向人类研究的广阔领域。作为一个外国人，她努力地适应中国的文化，除了在学术上对我严格要求之外，她也会利用闲暇时间带我去旅游和休闲，这种师生情谊将使我毕生难忘。感谢中国人民大学的夏建中教授、潘绥铭教授、奂平清副教授、姜向群教授，北京大学的马凤芝副教授，首都经贸大学的吕新萍教授，首都师范大学的范燕宁教授，北京市委党校的尹志刚教授，他们对我的论文给出了许多实质性的建议。感谢中国青年政治学院社会工作学院的侯欣书记和太原科技大学的周玉萍教授，他们在我的论文资料收集方面给予了很大的支持，使我能在财力、物力有限的情况下顺利地完成论文的写作。感谢中国人民大学社会与人口学院的所有老师，他们直接和间接地影响着我的学术生涯，如郑杭生教授、郭星华教授、刘少杰教授、李路路教授、洪大用教授等。

三年前，作为一个外地人，只身来到北京，离不开同学和朋友们的关心和支持。感谢北京师范大学公益教育研究所的尚立富所长，他曾是我攻读硕士学位的室友，他对我的研究、学习和生活给予了大力帮助，对于我个人的发展规划也提出了中肯建议。感谢华中科技大学的苗艳梅博士和香港理工大学－北京大学社会工作研究中心的曲平女士，她们作为我的硕士同学一如既往地与我保持着深厚的友谊，她们定期或不定期地来人民大学探望我，给予我巨大的精神鼓励和物质支持，让我感受到了友谊的纯真与美好。感谢我的硕士同学中国青年政治学院的王渭巍副院长，在中青院兼职上课期间，我们常利用课前时间"品茗闲谈"，共叙友情。感谢我的博士同门孙平和马俊达，他们给予了我无私的帮助与支持，从他们身上我学到了许多自己不具备的东西，认识他们是我毕生的幸运。还要感谢我的同门方舒、张志远、李文静、吴咏梅和袁小平，与他们同在李老师门下研究、学习和生活实是一种幸事，他们广博的知识、严谨的学术态度和敦厚的人格不断地影响着我。感谢太原科技大学的同事张永光、康永征、刘荣臻、蔡萍、高建伟、郭治谦和赵晓东，虽然我已经多年不在那里工作，但是他们的鼓励使我从未有过"人走茶凉"的感受。值得感谢的还有我的博士同学们，我与他们在一起共同体会了读博的辛酸苦辣。他们中的许多人比我年龄小，亲切地称我为"卫哥"，他们在我心目中并没有先后的排序，与他们相处的各种情景（一起上课、吃饭、打水等）时常浮现在眼前，恍如隔日。姜利标与我常步行去北京大学博雅书店买书，我们有着共同的学术理想与追求，曾合作完成了两篇较有影响力的论文；罗桥曾与我在日本爱知大学留学一年，晚饭后常去神社散步聊天，在异国他乡我们建立了深厚的友谊，他的诙谐幽默和高超的语言模仿能力带给我无尽的欢乐；才凤伟与我心心相知，我们常常在一起畅谈人生和理想，他的奋斗精神一直激励着我不断前行；王克蛟过人的阅读英文原著的能力和严谨的学术态度给我留下深刻的印象；邹湘江和杨江澜是人口学专业的博士生，也是我的挚友，他们在定量研究和制图技术方面给予我很大的影响和支持；李可常与我畅谈理想、生活与人生追求，为我在迷茫中找寻到了方向；何燕堂、王小平和杨震作为"老大哥"，给我未来的发展规划提供了诸多建议；汪永涛和王拓涵义务地为我们承担了许多班级事务。需要感谢的同学太多，与他们相处的点点滴滴将成为我生命中永恒的记忆。

最后，尤其需要感谢的是我的家人，我的父母都是淳朴至真的农民，在这样的家庭中追求学术理想不能不说是一件奢侈的事情。这些年来，从高中、本科到硕士、博士，我每上一个台阶都给家人带来无尽的喜悦，同时也在不断地加重他们的负担。我的学业更多的是建立在年迈父母繁重体力劳动的基础上，但他们从未在我面前说过苦与累，这也是我惭愧终生的事情。感谢我怀孕的妻子，她包容大度，与我苦乐相随，从未有过怨言，在怀孕需要人照顾的时期反而还要照顾我，忘不了寒冷冬天给我洗衣的情景，忘不了给我编辑论文和翻译英文资料的日日夜夜。感谢我即将出世的孩子，虽然已过而立之年的我一无所有，但这小小的生命或许是我今生的全部。

学术研究是一项无止境的事业，既然选择了就必须前行，而博士论文只是一个小小的高峰，还有无穷的研究空间在等待我们去开拓。就如去年在日本爬富士山一样，富士山总共有九个制高点（即九个合目），每到一个制高点总觉得下一个会是尽头，然而爬到一合目还有二合目，到达二合目还有三合目……依次逐步爬升，到达九合目的时候发现还有永远无法触及的天尽头。

卫小将

2013 年 5 月 8 日于人大品园

图书在版编目（CIP）数据

本土化与土生化：中国社会工作发展的检视与重构/卫小将
著.—北京：社会科学文献出版社，2015.7（2021.1 重印）
（社工理论与实践）
ISBN 978 - 7 - 5097 - 7441 - 0

Ⅰ.①本⋯　Ⅱ.①卫⋯　Ⅲ.①社会工作 - 研究 - 中国
Ⅳ.①D632

中国版本图书馆 CIP 数据核字（2015）第 082405 号

社工理论与实践
本土化与土生化:中国社会工作发展的检视与重构

著　者／	卫小将	

出 版 人／	王利民	
项目统筹／	恽　薇　高　雁	
责任编辑／	林　尧	

出　　版／社会科学文献出版社·经济与管理分社（010）59367226
　　　　　　地址：北京市北三环中路甲 29 号院华龙大厦　邮编：100029
　　　　　　网址：www.caijingbu@ssap.cn
发　　行／市场营销中心（010）59367081　59367083
　　　　　　读者服务中心（010）59367028
印　　装／北京盛通印刷股份有限公司

规　　格／开　本：787mm × 1092mm　1/16
　　　　　　印　张：17.25　字　数：203 千字
版　　次／2015 年 7 月第 1 版　2021 年 1 月第 2 次印刷
书　　号／ISBN 978 - 7 - 5097 - 7441 - 0
定　　价／69.00 元